Culturonda Südtirol

Kultur und Lebensart erwandern und erleben

Culturonda Südtirol

Kultur und Lebensart erwandern und erleben

Andreas Gottlieb Hempel • Folio Verlag Wien/Bozen

Die Drucklegung dieses Kulturführers erfolgte mit freundlicher Unterstützung der Stiftung Südtiroler Sparkasse und des Südtiroler Kulturinstituts.

STIFTUNG SÜDTIROLER SPARKASSE
FONDAZIONE CASSA DI RISPARMIO DI BOLZANO
1854

HINWEIS

Alle Angaben erfolgen nach bestem Wissen und Gewissen. Die beschriebenen Ausflüge werden auf eigenes Risiko unternommen; Autor und Verlag übernehmen keinerlei Haftung. Für die Wanderungen wird die Mitnahme von geeignetem Kartenmaterial empfohlen.

SYMBOLE

- Charakteristik des Ausflugs
- Gehzeit und Höhenmeter
- Öffnungszeiten
- Beste Jahreszeit
- Öffentliche Verkehrsmittel
- Besonderer Tipp
- TV Tourismusverein
- 1 bezieht sich auf Übersichtskarten

BILDNACHWEIS

Europäische Akademie (Foto: Oskar Da Riz): S. 86/87
Frieder Blickle: S. 139
Archiv Folio Verlag: S. 19, 106
Fotoarchiv.it (Foto: A. Marini): S. 82
Gärten von Schloss Trauttmansdorff (Foto: Manuela Prossliner): S. 98
Andreas Gottlieb Hempel: S. 7, 12, 16, 18, 21, 33, 36, 38, 41, 42, 51, 53, 54, 55, 58, 60, 62, 63, 64, 69, 71, 72, 78, 80, 81, 96, 101, 104, 105 o., 112, 113, 122, 125, 126, 127, 128, 129, 134, 135, 144
Kellerei Schreckbichl (Foto: Gerd Bergmeister): S. 124
Kulturzentrum Grandhotel Toblach (Foto: Alberto Simonetti): S. 43
Weingut Manincor (Foto: Gregor Khuen Belasi): S. 123
Museion (Foto: Ivo Corrà): S. 88
Museum Ladin: S. 89, 90
Günther Niederwanger: S. 25
Pharmaziemuseum Brixen (Foto: Armin Gisinger): S. 32
Südtirol Marketing (Fotos: Frieder Blickle, Helmuth Rier u. a.): S. 8, 11, 13, 22, 23, 59, 85, 95, 102, 103, 105 u., 136, 137, 140, 155
Südtiroler Archäologiemuseum, www.iceman.it: S. 24, 26, 27, 35
Südtiroler Bergbaumuseum: S. 110, 111, 116, 117, 119
suedtirolfoto.com (Fotos: Udo Bernhart/Harald Kienzl/Helmuth Rier/Othmar Seehauser): S. 28, 29, 34, 37, 40, 44/45, 46, 47, 48, 50, 52, 56/57, 61, 65, 66, 70, 73, 79, 84, 91, 92, 93, 94, 100, 109, 115, 120, 121, 130, 132, 133, 138, 141, 142, 145, 148, 149, 150, 151, 154
Oswald Stimpfl: S. 49
Touriseum: S. 99
Willy Verginer, St. Ulrich: S. 146
Archiv Xong: S. 152, 153
Ulrich Wagner, Tutzing: S. 14, 15, 17, 20, 30, 67, 68, 74, 75, 77
Clemens Zahn: Umschlagbild

Redaktion: Eszter Pichler
Grafik: no.parking, Vicenza
Kartenskizzen: Cartomedia, Karlsruhe
Druckvorstufe: Typoplus, Frangart
Printed in Italy
ISBN 978-3-85256-404-3
www.folioverlag.com

INHALTSVERZEICHNIS

Meiner Tochter Lily

VORWORT

Südlich des Alpenhauptkamms liegt die nördlichste Provinz Italiens, im Westen an die Schweiz, im Norden und Osten an Österreich grenzend. Fast eine halbe Million Menschen – zwei Drittel davon deutschsprachig, fast ein Drittel italienischer Herkunft und etwa 3 % Ladiner – leben hier auf rund 7.400 km², von denen nur 14 % unter 1000 m Höhe liegen und damit dauerhaft kultivierbar sind. Die Flüsse Etsch, Eisack, Rienz, Ahr, Talfer, und Passer formen die wichtigsten Täler mit ihren Ansiedlungen, von denen Bozen, Meran, Brixen, Bruneck, Sterzing, Klausen und Glurns die ältesten Städte unter 116 Gemeinden sind. 7 % der Südtiroler arbeiten in der Landwirtschaft, 24 % im produzierenden Gewerbe und 69 % erbringen Dienstleistungen, vor allem im Tourismus, der, mit 10.200 Beherbergungsbetrieben und über 210.000 Betten, zuletzt jährlich rund 26,5 Mio. Nächtigungen verzeichnete.
So könnte der trockene Steckbrief Südtirols lauten, der zwar viele Zahlen enthält, aber wenig über die faszinierende Wirklichkeit dieses Reiseziels aussagt: Auf kleinstem Raum findet sich hier eine Vielfalt an Tradition, Kultur, Sprache und Lebensform – von bergbäuerlicher Abgeschiedenheit bis zur urbanen Weltläufigkeit, an Klimaunterschieden sowie Natur- und Kulturlandschaft von den Gletschern bis zu den Obst- und Weingärten. Diese Vielfalt ist von der Überschneidung zweier Kulturkreise geprägt und geht auf den Handel zwischen Nord und Süd zurück, heute ergänzt durch Gäste aus aller Welt. Auf die Kultur rundum – Culturonda – zielt dieses Buch mit zwölf Themen ab, die Südtirol ausmachen und sich am besten genießerischer Langsamkeit erschließen.

Andreas Gottlieb Hempel

Galerie kunst Meran. Zeitgenössisches in der Altstadt

KULTUR UND TRADITION IN SÜDTIROL

Die Natur bestimmt dieses Land und hat seine Menschen geformt. Der Blick vom Berg bietet andere Aussichten als der vom Tal – so liegen Enge und Weite in Südtirol für die Menschen und ihre Kultur oft dicht beisammen. Eine Mischung, die heute, in der Zeit der Globalisierung, immer noch das Besondere prägt. Aber auch der Durchzug von vielen, vielen Menschen während der vergangenen Jahrhunderte bis heute hat das Leben in den großen Tälern beeinflusst – bei den Kriegszügen der Römer, später der Deutschen Kaiser, bei den Pilgerfahrten nach Rom, beim Austausch von Waren, Ideen, Kunst und Kultur zwischen Nord- und Südeuropa. Neugier auf das Fremde, Fortschritt und Gastlichkeit formten den Charakter der Südtiroler, den die Gäste auch heute noch spüren. Hier hat sich die Einsicht und die Weitsicht durchgesetzt, dass es eben die Kultur ist, die einem Land und seinen Menschen Identität verschafft – und das nicht nur im Sinne bewahrender Denkmalpflege und geschichtsträchtiger Baudenkmäler, sondern auch in einem modernen Kunst- und Kulturleben, das heute in reichem Maß in Südtirol vorhanden ist.

Oben auf den Bergen hat das Wissen um die Kräfte der Natur zu Beharrlichkeit, Festigkeit und Verwurzelung im einmal Bewährten geführt. Dieses konservative Verhalten scheint seine Gültigkeit erst mit den technischen Veränderungen unserer Tage zu verlieren. Umso wichtiger ist hier die Rückbesinnung auf Erfahrungen des

Zeittafel

Um 15.000–800 v. Chr.	Spuren der Alt-, Mittel- und Jungsteinzeit
Um 3290 v. Chr.	lebte „Ötzi", der Mann aus dem Eis
15. v. Chr.	Unterwerfung der Räter durch den römischen Feldherren Drusus
774	Karl der Große herrscht über Oberitalien und ordnet die Bistümer neu
1004	Der Bischof von Trient wird mit der Grafschaft Trient belehnt
1027	Der Bischof von Brixen erhält das Eisacktal, Inntal und Pustertal als Lehen
1258	Graf Meinhard II. von Tirol eint die Bistümer Brixen und Trient
1363	Margarete Maultasch übergibt die Grafschaft Tirol an Rudolf IV. von Habsburg
1420	Herzog Friedrich IV. verlegt die Regierung von Meran nach Innsbruck
1525	Bauernaufstand unter der Führung Michael Gaismairs
1809	Unter Andreas Hofer erhebt sich Tirol vergeblich gegen die Truppen Napoleons
1815	Nach dem Sieg über Napoleon fällt Tirol zurück an Österreich
1915	Italien tritt auf Seiten der Alliierten in den Ersten Weltkrieg ein
1919	Südtirol wird Italien zugesprochen
1922	Mussolini beginnt mit der Zwangsitalianisierung Südtirols
1943	Die deutsche Wehrmacht besetzt Südtirol
1945	Im Pariser Abkommen sagt Italien Südtirol die Autonomie zu
1948	Südtirol bildet mit dem Trentino die Autonome Region Trentino-Südtirol
1956–66	Die deutsche Minderheit wird weiter benachteiligt, es kommt zu Spannungen
1960	Österreich bringt die Südtirolfrage vor die Vereinten Nationen
ab 1964	Landeshauptmann Silvius Magnago verhandelt mit den Regierungen in Rom
1972	Das Autonomiestatut für Südtirol tritt in Kraft
1992	Streitbeilegungserklärung zwischen Österreich und Italien vor den Vereinten Nationen

Überlebens in der Einsamkeit, des Respekts vor einer großartigen, die Seele berührenden Natur, die dem Menschen aber auch feindlich gegenübertreten kann. Vor diesen Kontrasten hat sich in Südtirol eine Kultur entwickelt, die sich in einem ganz eigenen Lebensgefühl bis heute lebendig erhalten hat. Ihre kulturelle Identität half den deutschsprachigen Südtirolern in den Jahren der faschistischen Unterdrückung nach dem Anschluss an Italien, sich ihre kulturelle und sprachliche Eigenart zu bewahren und mit großer Geschlossenheit eine weitreichende Autonomie zu erreichen.
Mit der weitgehenden Selbstverwaltung, mit der Gleichberechtigung der drei Sprachen Deutsch, Italienisch, Ladinisch sowie mit dem ethnischen Proporz bei der Vergabe öffentlicher Stellen und mit der damit verbundenen Pflicht zur Erklärung der Sprachzugehörigkeit sollte die Grundlage für ein gerechtes Nebeneinander der Kulturkreise gelegt werden. Aus den bitteren Erfahrungen der deutschsprachigen Südtiroler während der Jahre des Faschismus ist das derzeitige, nach Sprachen getrennte schulische Erziehungssystem zu begreifen. „Je besser wir uns trennen, desto besser werden wir uns verstehen" war der ursprüngliche Gedanke für diese Entscheidung, die heute in einem zusammenwachsenden Europa, in dem die Regionen wichtiger werden als die Nationen, nicht mehr ganz zeitgerecht zu sein scheint. Nur der ladinische Teil Südtirols macht es derzeit vor, wie ein mehrsprachiges Erziehungssystem hervorragend funktionieren kann. Auf dieser Grundlage könnte die kulturelle Entwicklung Südtirols weiter aufbauen: Nicht nur das Nebeneinander, sondern das Miteinander auf der Basis der Werte beider Kulturen birgt die Zukunft einer einzigartigen Kultur Südtirols in sich, die beispielhaft für ganz Europa sein könnte.

LAND DER BURGEN

Keine zweite Region in Europa kann im Verhältnis zu ihrer Größe eine so hohe Anzahl an Burgen und Schlössern aufweisen wie Südtirol. Insgesamt werden über 780 Burgen, Schlösser, Ansitze, Festungen und Ruinen gezählt. Sie spiegeln auf einzigartige Weise die Baugeschichte des Landes durch die Jahrhunderte wider. Dabei ist ihr Erscheinungsbild außerordentlich vielfältig, nicht nur bedingt durch die unterschiedlichen geografischen Lagen, sondern auch aufgrund häufiger Umbauten.

Die Geschichte des Burgenbaus begann im 12. Jh. und erlebte ihren Höhepunkt um die Mitte des 14. Jh. Die Fluchtburgen des frühen Mittelalters wiesen noch eine einfache Struktur auf: die Herrschenden ließen quadratische – seltener runde – Wehrtürme auf Hügeln oder Anhöhen errichten. Diese waren von einer Ringmauer umgeben, hinter der die Bevölkerung Schutz suchen konnte. Neben dem Hauptturm entstanden später Wohnbauten, die erst im 14. Jh. größere Ausmaße annahmen und zu Beginn des 16. Jahrhunderts mitunter zu wahren Wohnpalästen wurden. Nach und nach kamen Befestigungsanlagen gemäß den neuesten militärischen Erfordernissen hinzu – wie etwa Bastionen, Schießscharten und Geschützstände für die Artillerie.

Schloss Prösels bei Völs

Für die Errichtung der zahlreichen Burgen in Südtirol war die Schlüsselstellung ausschlaggebend, die diese Region zwischen dem deutschen Kaiserreich im Norden und dem römischen Kirchenstaat im Süden einnahm. Die deutschen Kaiser sicherten das Eisack- und Etschtal als Durchzugsgebiet nach Italien. Dazu vereinten sie herzogliche mit kirchlicher Macht: Es entstanden die vom Kaiser abhängigen Fürstbistümer Brixen und Trient (zu dem auch Bozen gehörte). Die Fürstbischöfe konnten die weltliche Macht nicht selber ausüben und setzten deshalb eigene Lehnsleute als Vögte ein, die schließlich die wahren Herrscher wurden und sich ihre eigenen Burgen bauen ließen. Aus den Streitigkeiten dieser Vögte untereinander gingen im 13. Jh. schließlich die Grafen von Tirol als Sieger hervor. Unter Meinhard II., der seine Macht rücksichtslos durchsetzte, und unter seiner Enkelin Margarete Maultasch wurden zahlreiche Burgen der gegnerischen Adelsgeschlechter zerstört.

Schloss Tirol

Als die Grafschaft Tirol schließlich 1363 an die Habsburger übergeben und etwas später die Hauptstadt von Meran nach Innsbruck verlegt wurde, wandte sich das Trentino der italienischen Kultur zu, während sich Südtirol nach Norden orientierte – eine Entwicklung, welche die weitere Geschichte der Region entscheidend bestimmen sollte. Mitte des 14. Jh. war der Höhepunkt des Burgenbaus erreicht, die verbliebenen Burgen verloren mehr und mehr ihre Befestigungsfunktion und wandelten sich zu teilweise prunkvollen herrschaftlichen Sitzen. Die strengen Bauformen wichen dabei vielfach der Formensprache eleganter Schlösser und Jagdsitze. Anfang des 19. Jh. machte sich der Verfall vieler Burgen bemerkbar, bis Ende des Jahrhunderts ein wahrer Restaurierungsboom einsetzte – häufig getragen von romantisch-verklärten Vorstellungen. Beispiele dafür sind die Brunnenburg bei Meran, Schloss Garnstein im Tinnetal und Welfenstein bei Mauls. Heute tragen die noch erhaltenen Burgen, von denen derzeit rund 30 besichtigt werden können, wesentlich zum Bild der besonderen Kulturlandschaft Südtirols bei.

Tappeinerweg mit Café Saxifraga

ÜBER DEN TAPPEINERWEG NACH SCHLOSS TIROL 9

Diese Wanderung verbindet in schönster Form die mediterrane und subtropische Pflanzenwelt Merans mit den darin eingebetteten Burgen und herrschaftlichen Ansitzen zu einem märchenhaften Weg! In stetem und immer wieder überraschendem Wechsel geht es mitten hinein in das schöne Bild einer mit Geschichte, Kultur, Naturschönheiten und Wohlgefühl erfüllten Region, die schon immer die Reisenden begeistert und inspiriert hat.

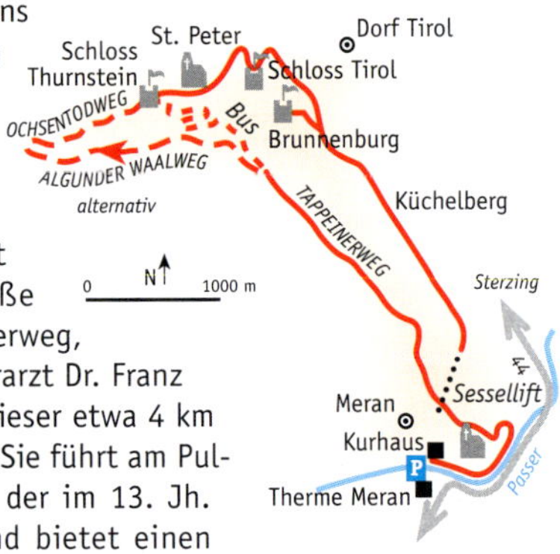

Vom Kurhaus im Zentrum Merans wandern wir die Passer entlang flussaufwärts über die Winterpromenade und weiter zum Steinernen Steg, der von der Zenoburg (13. Jh., nicht zu besichtigen) überragt wird. Über die Zenobergstraße gelangen wir auf den Tappeinerweg, benannt nach dem Meraner Kurarzt Dr. Franz Tappeiner, der 1893 den Bau dieser etwa 4 km langen Promenade finanzierte. Sie führt am Pulverturm vorbei, dem Überrest der im 13. Jh. erbauten Burg Ortenstein, und bietet einen herrlichen Ausblick über die Dächer Merans. Eine reiche Pflanzenwelt säumt den Weg und sieben Restaurant-Cafés sorgen für das leibliche Wohl. Am Ende der Promenade beginnt die Straße nach Schloss Thurnstein, das wir mit dem Bus 3 erreichen. Eifrige

Wanderer können auch über den Algunder Waalweg und dann auf dem „Ochsentodweg“ steil hinauf zu dem im 13. Jh. erbauten Schloss gelangen, das heute ein Hotel und Restaurant beherbergt. Der aussichtsreiche Weg führt über St. Peter weiter bis Schloss Tirol, ehemals Sitz der Grafen von Tirol. Die mächtige Anlage geht auf das 12. Jh. zurück und enthält heute – beispielhaft restauriert! – das Südtiroler Landesmuseum für Kultur- und Landesgeschichte (Info S. 23). Bevor wir über Dorf Tirol mit dem Sessellift nach Meran zurückkehren, bietet sich der Besuch der Brunnenburg (13. Jh., Info S. 23) an. 1904 historisierend aus Ruinen wiedererrichtet, ist sie heute Landwirtschaftsmuseum. Der amerikanische Dichter Ezra Pound lebte hier einige Jahre. Nachfahren von ihm bewohnen die Burg noch heute und haben einen Raum zum Gedächtnis an den Dichter eingerichtet.

St. Peter

EINKEHR

Restaurant-Café Saxifraga: Das historische Holzhaus liegt in romantischer Lage am Tappeinerweg inmitten von Weingärten. In den schön getäfelten Innenräumen und auf der Terrasse wird neben Kaffee und Kuchen abends auch leichte, kreative Küche mit Eigenbauweinen serviert. Vorbestellen! Meran, Zenobergstr. 33, Di Ruhetag, Tel. 0473 239249, www.saxifraga.it

Das **Schloss Thurnstein** bietet von den Restaurantterrassen und den Gästezimmern die vielleicht schönste Aussicht auf Meran, die Brunnenburg und Schloss Tirol. Das 1276 erstmals erwähnte Schloss wurde umsichtig renoviert und ist gut erhalten. Die Küche variiert bewährte Südtiroler Köstlichkeiten. Eigenbauweine.
Dorf Tirol, St. Peter 8, Nov.–Ostern geschl., Do Ruhetag, Tel. 0473 220255, www.thurnstein.it

Infos in Kürze

Längere, schöne Familienwanderung ohne Schwierigkeiten mit steilem Aufstieg bei der Variante über den Algunder Waalweg.

ca. 3½ Stunden, Variante 4½ Stunden

Höhenunterschied: ca. 280 m

Frühjahr und Herbst

Tiefgarage der Therme Meran

Bus 1 vom Bahnhof zum Kurhaus

Weltliche und geistliche Burgherren

Tirol könnte heute ebenso gut Eppan heißen, denn die Grafen von Eppan stritten in den Jahrzehnten der Loslösung der Vögte von den Bistümern Brixen/Trient mit den Grafen von Tirol um die weltliche Vorherrschaft im Lande. 1120 ließ Ulrich II. die Burg Hocheppan bauen, ebenso mächtig wie die der konkurrierenden Grafen von Tirol bei Meran. Unterstützt von Heinrich dem Löwen gewannen jedoch die Grafen von Tirol die Oberhand.

Schloss Velthurns

Hocheppan vermittelt heute noch den Eindruck einer wehrhaften Ritterburg in grandioser Lage – insgesamt soll der Rundblick 36 Burgen einschließen. Die Burgkapelle besitzt einen außergewöhnlich gut erhaltenen Freskenzyklus vom Anfang des 13. Jh. (Info S. 23). Die Burgschänke (Tel. 0471 636081) bietet guten Wein zur Marende.

Im Unterschied dazu waren es beim Schloss Velthurns geistliche Herren, die Geschmack für großartige Ausstattung bewiesen: die Täfelungen – filigrane Intarsien –, der prächtige Kachelofen und die vergoldete Kassettendecke im Fürstenzimmer sind wahre Meisterwerke. Das vorbildlich renovierte Schloss aus dem 12. Jh. hatte Bischof Johann Thomas von Spaur 1587 zur Sommerresidenz ausbauen lassen. Während die Kirchen jener Zeit noch von gotischen Formen geprägt wurden, scheint bei den Schlössern (z. B. Hofburg in Brixen, Ansitze im Überetsch) bereits der neue Renaissancestil auf – so auch beim Schloss Velthurns (Info S. 23). Im Nebengebäude, dem sog. Schreiberhaus, befindet sich das Heimatmuseum von Feldthurns (Info S. 23).

VON STERZING ZU DEN BURGEN REIFENSTEIN UND SPRECHENSTEIN 30

Sterzing liegt am Rand eines trockengelegten Mooses, das einst eine natürliche Sperre mitten in der Talebene bildete. Schon die Römer sicherten hier mit dem castrum vipitenum *den Brennerübergang. Die deutschen Kaiser ließen mit den Burgen Reifenstein und Sprechenstein die Talenge bewachen. Unser Spaziergang führt von der Pfarrkirche am südlichen Stadtrand durch das sagenumwobene Moos.*

Erst vor fast 150 Jahren wurde das Sterzinger Moos für den Bau der Brennerbahn trockengelegt. Bis dahin stellte es für Fuhrleute, Knappen, Soldaten und Rompilger eine gefährliche Engstelle an der alten Brennerstraße dar, die durch die Burgen Sprechenstein und Reifenstein kontrolliert wurde. Heute beweist der Verkehr an der Mautstelle der Autobahn, dass sich an der Bedeutung der Brennerstrecke als Verkehrsader zwischen Nord und Süd seit dem Mittelalter nichts geändert hat, ganz im Gegenteil!
Wir beginnen unsere Wanderung an der Sterzinger Pfarrkirche „Unsere Liebe Frau im Moos", erbaut ab 1417; sie liegt so weit vom Stadtzentrum entfernt, weil sie auch den Gemeinden der angrenzenden Täler diente. Ursprünglich war in der Kirche der von 1456–59 geschaffene weltberühmte Altar des Ulmer Meisters Hans

Burg Sprechenstein

Multscher aufgestellt, dessen Tafeln sich heute im benachbarten Deutschordenshaus befinden. Von hier queren wir unter der Autobahn zum Wanderweg 14, der über den Ridnaunbach und vorbei an den Resten der Thumburg zum Weiler Elzenbaum führt. Dort erhebt sich auf einer Felskuppe die schon 1110 erwähnte Burg Reifenstein – Inbegriff einer romantischen Ritterburg mit Brunnenhof, Verlies, gotischer Stube, alter Küche und der außerhalb gelegenen St.-Zeno-Kapelle. Nach einer Pause in der Burgschänke Elzenbaum (Tel. 0472 766342) wandern wir weiter – auf Weg 14B und später 26A und 24A – hinüber zur Burg Sprechenstein (1240 m), die leider nicht zu besichtigen ist. Durch einen schönen Biotop des ehemaligen Mooses kehren wir nach Sterzing zurück.

Wirtshausschild in Sterzing

Infos in Kürze

Leichte Rundwanderung für die ganze Familie

3 Stunden mit Aufstieg zur Burg Sprechenstein

Höhenunterschied: zu Burg Reifenstein 50 m, zu Burg Sprechenstein 150 m

P am Deutschordenshaus

Vom Bahnhof Sterzing Hin- und Rückweg zum Deutschordenshaus ca. 20 Min.

EINKEHR

Das **Hotel Restaurant Café Lilie** ist ein sorgfältig renoviertes historisches Haus mitten in der Altstadt mit dem ganz besonderen Flair der Kaufmannshäuser des 16. Jh. Das Café-Bistro im Erdgeschoss zeigt sich am Puls des urbanen Geschehens, während in der Herrenstube im Obergeschoss elegant gespeist wird. Sterzing, Neustadt 49, Mo Ruhetag, Tel. 0472 760063, www.hotellilie.it

Das **Restaurant Pretzhof** mit seinen gepflegten und gemütlichen Stuben befindet sich etwas außerhalb Sterzings in einem Bauernhof im unteren Pfitscher Tal hinter Wiesen. Die Küche und der Hofladen der Familie Mair sind seit Jahren ein beliebter Tipp unter Gourmets, Weinbeißern und Freunden unverfälschter Zutaten aus biologischem Anbau – einen Umweg wert! Wiesen/Pfitsch, Tulfer 259, Mo und Di Ruhetag, Tel. 0472 764455, www.pretzhof.com

Sonnenburg bei St. Lorenzen

Burgenreiches Pustertal

Bei Mühlbach, am Eingang zum Pustertal, ragt auf einem Felssporn über der Rienz die Burg Rodenegg auf. Sie ist eine der größten Burgen Südtirols mit einer der ältesten profanen Freskendarstellungen Europas: dem Iwein-Zyklus von Anfang des 13. Jh. (Info S. 23). Hinter Mühlbach wird die Mühlbacher Klause sichtbar, eine gut restaurierte malerische Ruine, die bis 1500 die Grenze zwischen Tirol und Görz markierte. Kurz vor Bruneck taucht über St. Lorenzen die Sonnenburg auf, früher ein Kloster und heute ein Hotel-Restaurant (www.sonnenburg.com). Sehenswert ist die 1975 freigelegte Krypta der Klosterkirche. Steil über der malerischen Altstadt von Bruneck erhebt sich die um 1250 vom Bischof Bruno aus Brixen erbaute Burg, die jetzt ein Messner Mountain Museum aufnehmen soll. Im Tauferer Tal überragt nordwestlich von Gais das Schloss Neuhaus aus dem 13. Jh. den bewaldeten Berghang (Hotel und Restaurant, www.schloss-neuhaus.com). In Sand in Taufers zieht dann die grandiose Burg Taufers den Blick auf sich (nur mit Führung, Tel. 0474 678053). Bereits 1136 erwähnt, zählt sie 64 Räume und ist noch vollständig möbliert, 24 Zimmer sind getäfelt. Die Fresken in der Kapelle stammen aus der Schule Friedrich Pachers. Der Rittersaal, die Bibliothek und die Rüstkammer vervollständigen das eindrucksvolle Bild der Burg Taufers. Im östlichen Pustertal gibt es noch die Burg Welsberg zu besichtigen (Anf. Juli–Mitte Sept., Sa geschlossen), die schon um 1150 errichtet wurde und mit ihrem hohen Bergfried auffällt.

VON DER CHURBURG ZUM MATSCHER BURGHÜGEL 4

Eines der ursprünglichsten Täler in ganz Südtirol ist das Matscher Tal, durch dessen unteren Teil unsere Burgenwanderung führt. Ein Stück des Weges verläuft am Schludernser Bergwaal entlang, einem der verbliebenen Zeugen für das einst typische Bewässerungssystem des gesamten Tales. Die stimmungsvolle Wanderung durch Lärchen- und Mischwald gibt einen Einblick in Geschichte und Natur des oberen Vinschgaus.

Churburg

Die Wanderung beginnt am gut renovierten Bahnhof von Schluderns. Von dort erreichen wir das steile Straßenstück zur Churburg, wo wir uns einer Führung anschließen. Um 1250 vom Bischof von Chur errichtet, ist diese Burganlage seit 1504 der Wohnsitz der Grafen Trapp. Die Renaissanceloggien sind mit dem Stammbaum der Familie geschmückt, das Glanzstück ist die Rüstkammer mit der weltweit größten Privatsammlung ritterlicher Waffen (Info S. 23). Hinter der Churburg geht es steil bergauf (Weg Nr. 20) zum Vernalhof und von dort links über den Weg Nr. 17 zum Ende des offenen Waalgrabens. Gegen den Wasserlauf begleiten wir den Bergwaal etwa zwei Kilometer, während dieser sich plätschernd um Felsen schlängelt und mit hölzernen „Kandeln" (Rinnen) eine kleine Schlucht überwindet. Unterwegs zweigt bei einer Lichtung mit Tischen und Bänken ein Abstecher zur Waalfassung am Saldurbach ab. Für uns aber geht es am Flitterbach entlang, hinauf zu einer kleinen Straße. Wir folgen dort der Markierung 20 zum Schlosshof und erreichen den Matscher Burghügel. Von den Schlössern Ober- und Untermatsch der berüchtigten Vögte von Matsch sind nur noch Reste vorhanden. Von Obermatsch ist die Burgkapelle St. Martin erhalten, sie stammt ursprünglich aus dem 12. Jh. und hat ihre jetzige Form ungefähr seit 1650. Von Matsch aus wandern wir auf Weg Nr. 14 langsam abwärts und halten uns nach etwa 3 km links, um auf

den Weg Nr. 18 zu kommen. Über die urgeschichtliche und frei zugängliche Siedlungsstätte Ganglegg gelangen wir dann nach Schluderns zurück.

Infos in Kürze

Eine einsame Wanderung für gute Geher bei Einkehr im Patzleidhof.
3½ Stunden, mit Patzleidhof knapp 5 Stunden
Höhenunterschied: bis zum Burghügel Matsch ca. 500 m, bis Patzleid 600 m
Sommer
am Bahnhof Schluderns
Vinschgerbahn, www.vinschgerbahn.it

EINKEHR

Der Hofschank **Patzleidhof** auf 1600 m ist auf beschildertem Fußweg als Ergänzung zur vorgeschlagenen Rundwanderung ab dem Schlosshof in Matsch erreichbar. Es werden kleine kalte Gerichte oder auf Vorbestellung warme Speisen, vor allem herzhafte Wildgerichte, Lammbraten und hofeigene Produkte serviert.
Matsch, Patzleidhof 95, Mitte April–Ende Okt. kein Ruhetag, Tel. 0473 842631

Am Saldurbach in Schluderns, am Ende unseres Wanderweges, liegt die schon 1279 erwähnte „Pali-Mühle", heute **„Alte Mühle"**. Sie ist architektonisch geschickt renoviert und erweitert, die angenehmen Gästezimmer sind mit Vollholzmöbeln ausgestattet. Neben Pizza gibt es kräftige heimische Küche.
Schluderns, Matscher Winkel 24, Mo Ruhetag, Tel. 0473 615238, www.hotel-alte-muehle.com

Burgkapelle St. Martin am Matscher Burghügel

Fresken auf Schloss Runkelstein: höfisches Ballspiel

Mittelalterliche Burgen heute

Drei Burgen haben die Jahrhunderte beispielhaft gut überstanden und zu neuem Nutzen gefunden:
Schloss Runkelstein bei Bozen wurde 1237 auf einem schwer zugänglichen Felssporn am Eingang zum Sarntal errichtet. 1893 schenkte Kaiser Franz Joseph der Stadt Bozen das Schloss, das mit mittelalterlichen Fresken eine wahre „Bilderburg" ist. Zu sehen sind Szenen aus dem höfischen Leben und Legenden wie „Tristan und Isolde". Diese Wandmalereien zählen zu den umfassendsten profanen Freskenzyklen Europas. Im Schlosshof finden sommers Konzerte statt und auch die Burgschänke (Mo Ruhetag) lädt zum Verweilen ein (Info S. 23).
Die Zufahrt zum Eggental wird von der Burg Karneid (1295) auf senkrechtem Felsen überragt. Neben Reifenstein, Sprechenstein und der Trostburg ist dies die schönste Burg im Eisacktal. Der fünfeckige Palas umfasst mit dem Bergfried einen malerischen Hof mit Brunnen, Freitreppen und zweigeschossiger Loggia. Der Rittersaal, die stilvollen Wohnräume und die Kapelle mit Fresken aus der Mitte des 14. Jh. können besichtigt werden (Info S. 23).
Die Lage von Schloss Juval am Weg vom Vinschgau ins Inntal war schon in vorgeschichtlicher Zeit wichtig. Die Anlage wurde 1278 errichtet und ist seit 1983 Sommer-Wohnsitz des Extrembergsteigers Reinhold Messner, der sie mit einer eleganten Glasüberdachung über dem ruinösen Teil versehen ließ. Innen fügen sich Asiatika, Masken, Bergbilder, Bergsteigerausrüstungen u. v. m. zur Ausstellung „Mythos Berg" eines der fünf Messner Mountain Museen (Info S. 23).

NÜTZLICHE ADRESSEN MIT ÖFFNUNGSZEITEN

Brunnenburg – Landwirtschaftsmuseum
Schlossweg 17, 39019 Dorf Tirol
Tel. 0473 923533
Palmsonntag–Anf. Nov. So–Do 10–17 Uhr

Burg Hocheppan
Tel. 0471 662206 (TV Eppan)
Ostern–Anf. Nov. 10–18 Uhr,
Mi Ruhetag; Mitte Sept.–Anf. Nov. durchgehend

Burg Karneid
39053 Karneid
April–Juni, Sept.–Okt., Fr um 15 und 16.30 Uhr, Voranmeldung bis Do Mittag, Tel. 0471 361314

Burg Rodenegg
39037 Rodeneck
Tel. 0472 454044
www.rodenegg.info
Nur mit Führung: Mitte Mai–Mitte Okt., Mo geschlossen

Churburg
39020 Schluderns
Tel. 0473 615241
www.churburg.com
Führungen: 20. März–31. Okt. Di–So 10–12 und 14–16.30 Uhr

Heimatmuseum Feldthurns
Dorf Nr. 1, 39040 Feldthurns
Tel. 0472 855525
Ostern–Allerheiligen Di–So 11.30–12.30 u. 16–17 Uhr

Schloss Juval
39020 Kastelbell-Tschars
Tel. 348 4433871
www.messner-mountain-museum.it
mit Führung: Palmsonntag–Ende Juni, Anf. Sept.–Anf. Nov. Do–Di 10–16 Uhr

Schloss Runkelstein
Im Nordosten von Bozen am Ende der Talferpromenade; Autobus Nr. 12
ganzjährig, Di–So 10–18 Uhr

Schloss Juval

Schloss Tirol – Südtiroler Museum für Kultur- und Landesgeschichte
Schlossweg 24, 39019 Dorf Tirol
Tel. 0473 220221
www.schloss-tirol.it
Mitte März–Ende Nov. Di–So 10–17 Uhr (Aug. bis 18 Uhr)

Schloss Velthurns
39040 Feldthurns
Tel. 0472 855525
Führungen: März–Nov. Di–So 10, 11, 14.30, 15.30 Uhr

Stadtmuseum Sterzing und Multscher Museum
Deutschhausstr. 11, 39049 Sterzing
Tel. 0472 766464
April–Okt. Di–Sa 9.30–12.30 und 14–18 Uhr

Ferienregion Meraner Land
Gästeinformation
Gampenstr. 95, 39012 Meran
Tel. 0473 200443
info@meranerland.com
www.meranerland.com

TV Feldthurns
Dorf 9, 39040 Feldthurns
Tel. 0472 855290, Fax 0472 855031
info@feldthurns.info
www.feldthurns.com

TV Schluderns
Rathausplatz 1, 39020 Schluderns
Tel. 0473 615258, Fax 0473 615444

TV Sterzing
Stadtplatz 3, 39049 Sterzing
Tel. 0472 765325, Fax 0472 765441
info@infosterzing.com
www.sterzing.com

FENSTER ZUR VERGANGENHEIT

Südtiroler Archäologiemuseum: männlicher und weiblicher Menhir

Bis vor wenigen Jahren ging die Datierung der Funde, die menschliche Besiedelung auf dem Gebiet des heutigen Südtirol belegen, nicht weiter zurück als bis zur Jungsteinzeit, also bis 2000 v. Chr. Jüngste Fundstücke auf dem Jochgrimm und dem Sellajoch weisen Jäger und Nomaden bereits in der Mittelsteinzeit – etwa zwischen 9000–4500 v. Chr. – nach. Entdeckt wurden primitive Pfeilspitzen und andere kleine Werkzeuge aus Feuerstein. In der Jungsteinzeit wurden mit der Klimaerwärmung die Menschen sesshaft. Die Verstorbenen wurden nun in Steinkistengräbern mit Grabbeigaben aus Pfeilspitzen und Feuersteinwerkzeugen bestattet. Aus dieser Zeit stammen auch die Menhire, die bei Algund und Brixen gefunden wurden. In diese großen, steinernen Stelen sind Darstellungen von Waffen und Runen eingemeißelt. Der wohl sensationellste Fund (1991) ist der inzwischen zu internationaler Berühmtheit aufgestiegene Mann aus dem Similaungletscher am Hauslabjoch, kurz und liebevoll „Ötzi" genannt. Das Alter des mumifizierten Körpers wird auf etwa 5300 Jahre geschätzt. Nach vielen Untersuchungen hat Ötzi seine „eisige" Wohnung im Archäologiemuseum in Bozen gefunden. Siedlungsplätze wie die „Große Pipe" bei Bruneck, der „Bühl" bei Guntschna und – besonders eindrucksvoll! – der mächtige Klotz des Johanniskofels am Eingang zum Sarntal stammen aus der Bronzezeit (1800 bis 850 v. Chr.). Der Übergang in die Eisenzeit in Südtirol wird nach den beiden Fundorten im Brixner Mittelgebirge als „Laugen-Melaun-Kultur" bezeichnet. Charakteristisch dafür sind neue Keramik-Formen, darunter profilierte, mit schriftartigen Zeichen verzierte Krüge. Scherbenfunde dieser Art gab es u. a. auf dem Schlern in 2550 m Höhe. Sie waren vermutlich Brandopferbeigaben. In die jüngere Eisenzeit (La-Tène-Zeit) fällt der Bau der für diese Region typischen Wallburgen, Siedlungen und Wehranlagen auf Kuppen, die mit einem mächtigen Wall aus großen Steinen ohne Mörtelverbund umgeben wurden. Herausragende Beispiele sind der „Wilde-Mann-Bühel", der „Jobenbühel" und der „Hohenbühel" auf dem Kamm des damals wohl bevorzugt besiedelten Mitterberges im

Johanniskofel am Eingang des Sarntals

Überetsch. Diese Fundorte lassen sich bei einer Wanderung oder Mountainbiketour durch die Wälder rund um die Montiggler Seen von Girlan aus gut erkunden.
Erst im 2. Jh. v. Chr. gibt es schriftliche Zeugnisse der Römer über die Menschen südlich und nördlich des Alpenhauptkamms, die sie allesamt als Räter bezeichneten. Tatsächlich aber lebten hier Kelten, die sich fast über ganz Mitteleuropa ausgebreitet hatten und von den Römern als sehr gefährlich eingestuft wurden. In den Jahren 15 und 14 v. Chr. beauftragte Kaiser Augustus deshalb seine beiden Stiefsöhne Tiberius und Drusus mit der Unterwerfung des von ihnen bewohnten Alpenraums, um den Übergang nach Germanien zu sichern. *Pons Drusi*, eine vermutliche Militärstation in der Gegend des heutigen Bozen, war damals einer der Schauplätze im Eroberungszug des Feldherrn Drusus. Mit der *Via Claudia Augusta* von Venetien durch den Vinschgau und den vom *castrum vipitenum* (Sterzing) gesicherten Brennerübergang erhielt dieser Teil des Römischen Reiches seine weitere Bestimmung als Durchzugsland zwischen Nord und Süd.

ZUM MANN AUS DEM EIS 15

Die häufigen Warteschlangen vor dem Eingang des Südtiroler Archäologiemuseums in Bozen sind ein deutliches Zeichen: Hier wurde ein besonderer Fund zum Publikumsmagneten, der Menschen aus allen Himmelsrichtungen anzieht. Mit dem „Ötzi" bietet das Museum mit seinen Ausstellungsstücken zugleich einen informativen und auch für Kinder interessanten Zugang in die vielschichtige Welt der Archäologie.

Seit 1998 besteht das Museum, das Besuchermassen wegen einer mumifizierten Leiche anlockt, die älter ist als sämtliche ägyptischen Mumien. Der schon bald wegen seiner Fundstelle nahe dem Ötztal am Hauslabjoch unter dem Similaungletscher „Ötzi" genannte Körper eines Mannes wurde von den deutschen Touristen Erika und Helmut Simon im Spätsommer 1991 entdeckt. Gerade noch rechtzeitig, sodass die bisher vom Gletscher konservierte Leiche nicht auftaute und sich zersetzte. Kleidungsstücke, Jagdwaffen, Gerät zum Feuermachen und andere Habseligkeiten des „Ötzi" waren ebenfalls in bestem Erhaltungszustand. Da der Fundort unmittelbar an der österreichisch-italienischen Grenze lag, stellte sich die Frage, ob die Mumie nach Innsbruck oder Bozen kommen sollte. Schließlich fiel nach einer Grenzvermessung Bozen das Verfügungsrecht zu. Anhand von Pollen und Speiseresten in der Mumie konnte nachgewiesen werden, dass der Mann aus dem

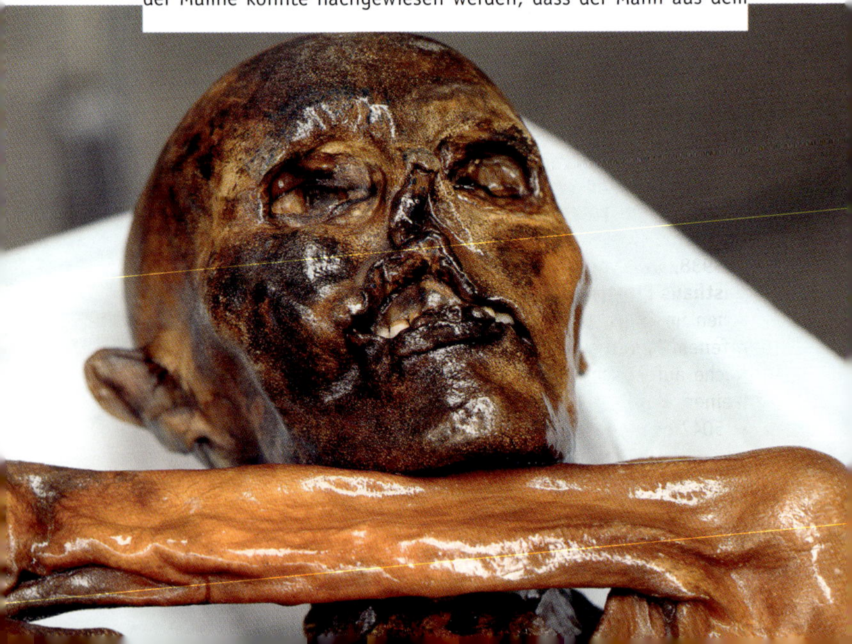

Ötzi, der Mann aus dem Eis

Vinschgau unterwegs war – womöglich auf der Flucht. Er wurde von einem Pfeil, dessen Spitze man erst 2001 in seinem Körper fand, tödlich getroffen. In dem speziell für ihn eingerichteten Museum liegt er im ersten Stock und ist tiefgekühlt in einem abgedunkelten Raum hinter einer Panzerglasplatte zu sehen. Ebenfalls ausgestellt sind seine Kleidungsstücke und ein Beil aus Kupfer – die Kupferbearbeitung war gerade erst erfunden worden. Viele andere für Südtirol bedeutende archäologische Fundstücke, Modelle früherer Siedlungsweisen, Videos und Multimediastationen machen das Museum für alle zu einem besonderen Erlebnis.

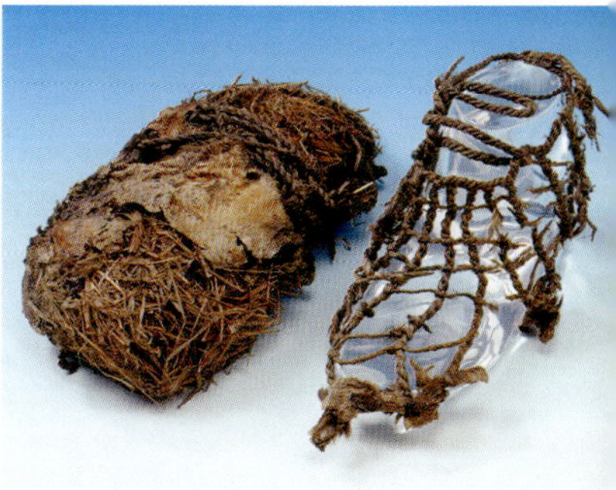
Ötzis Fußbekleidung mit Außen- und Innenschuh

Infos in Kürze

Der Besuch des Südtiroler Archäologiemuseums (Info S. 35) in der Altstadt kann gut mit einem Einkaufsbummel über den Obstmarkt und durch die Geschäfte der nahen Lauben verbunden werden.

ganzjährig

P Tiefgarage unter dem Waltherplatz oder im Parkhaus Bozen Mitte hinter dem Bahnhof

EINKEHR

Im **Restaurant Vögele** in der Nähe des Obstmarkts haben Sie die Wahl zwischen einer schön getäfelten Stube, einer Gewölbestube oder einem der Biedermeierräume im Obergeschoss. Hier trifft sich gern die gute Bozner Gesellschaft, um bei einem Glas Wein zu plaudern oder zu speisen. Rechtzeitig kommen oder reservieren empfiehlt sich! Bozen, Goethestraße 3, So Ruhetag, Tel. 0471 973938, www.voegele.it

Gasthaus Fink: In diesem schönen, historischen Gebäude mit Tischen im Freien unter den Arkaden und einem Gewölbekeller mit offenem Kamin für gesellige Gruppen wird herzhafte Südtiroler Küche aufgetischt, mit saisonalen Köstlichkeiten und regionalen Weinen. Bozen, Mustergasse 9, Mi Abend u. Do Ruhetag, Tel. 0471 975047, www.fink-restaurant.it

Im Archeo-Parc

ArcheoParc im Schnalstal

Während das Archäologiemuseum Bozen Informationen zu genauen wissenschaftlichen Tatsachen zu „Ötzi“ und seiner Umwelt bietet, ist der 2001 eröffnete ArcheoParc in Unser Frau im Schnalstal eine Art Freizeitgelände, in dem die jungsteinzeitliche Lebensweise des Mannes aus dem Eis auf spielerische Weise nachempfunden werden kann. In „Ötzis Dorf“ wird Steckenbrot gebacken, Wolle gesponnen, gefilzt, gefärbt, zugeschnitten und zu Kleidungsstücken verarbeitet. Aus Feuerstein entstehen Pfeilspitzen und Gefäße aus Ton. Spannend und lehrreich – vor allem für die davon total begeisterten Kinder (Info S. 35). Für Nimmermüde gibt es noch den „Ötzi-Express“ (Fahrten auf einer Schneeraupe) und die „Ötzi-Show-Gallery“ (beide oben beim Berghotel Grawand, Tel. 0473 662118, das mit der Gletscherbahn erreichbar ist).

Wer es einsamer und ruhiger haben will, dem sei eine wunderschöne, einfache, ca. 3-stündige Wanderung von Kurzras am Talende zur Berglalm empfohlen. Der Wanderweg Nr. 4 führt an der westlichen Talseite durch herrliche Lärchenwälder am paradiesisch anmutenden Lagauntal vorbei, das in seiner Abgeschiedenheit ebenfalls einen Abstecher wert ist. Weiter geht es auf Weg Nr. 5 zur bewirtschafteten Berglalm (2218 m) und von dort auf Weg Nr. 13 steil hinab ins Tal und auf der anderen Seite zur schönen alten Baugruppe des Marchegghofes zur Marende (Mi Ruhetag). Hier ist die bäuerliche Welt von einst noch zu finden. Von dort nach Kurzras zurück (ca. 200 Höhenmeter).

INS FRAUENMUSEUM MERAN 10

Frauen-
museum
Meran

Südtiroler Frauen haben wechselvolle Zeiten hinter sich: Noch bis ins 17. Jh. hinein gab es Hexenverbrennungen, viele Bäuerinnen der Einödhöfe mussten unter extremen Bedingungen wirtschaften und unter dem Faschismus gaben couragierte Frauen den Kindern in Katakombenschulen heimlich Unterricht in deutscher Sprache. Einer Frau ist es auch zu verdanken, dass es in Südtirol ein eigenes Frauenmuseum gibt.

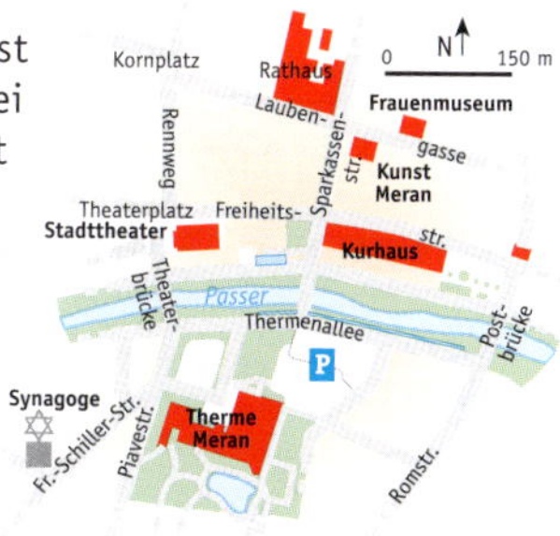

Evelyn Ortner (1944–1997) führte zunächst einen Secondhand-Shop für Kleidung. Dabei erkannte sie, wie sich in der Mode der Wert und das Rollenbild der Frauen widerspiegeln. Vom Schönheitsideal der Damen, die wegen der eng geschnürten Korsette häufig in Ohnmacht fielen, bis hin zu den Töchtern reicher Chinesen, deren Füße in viel zu kleinen Schuhen verkrüppelt wurden, damit sie zu körperlicher Arbeit nicht taugten, ist an der Frauenkleidung nicht nur der Zeitgeschmack, sondern auch der soziale Hintergrund abzulesen. Aus Evelyn Ortners Kleiderfundus wurde schließlich ein kleines, aber feines Museum, dessen Besuch bei einem Spaziergang unter den Lauben Merans in einem der mittelalterlichen Gebäude hochinteressant ist, nicht nur für Frauen, sondern auch für Männer! Die permanente Ausstellung zeigt Frauenkleider mit allen Accessoires von 1820 bis heute. Die Gewänder hochherrschaftlicher Damen, Bürgersfrauen und Dienstboten spiegeln ein Bild der Frau, wie es

Merans Jugendstil-Kurhaus und Pfarrkirche

der jeweiligen Gesellschaftsschicht in ihrer Zeit zu entsprechen hatte. Wechselausstellungen und Abendveranstaltungen runden die anschauliche und nachdenklich stimmende Zeitreise durch die Welt der Frau ab.
Und: Der Besuch des Frauenmuseums lässt sich gut mit einem Blick ins fast gegenüberliegende „kunst Meran" verbinden. Diese moderne Kunstgalerie ist von den Architekten Höller & Klotzner architektonisch bemerkenswert und sensibel in ein historisches Haus eingefügt worden. Sie präsentiert zeitgenössische Kunst und immer sehenswerte Wechselausstellungen.

Infos in Kürze

Das Frauenmuseum (Info S. 35) und kunst Meran (Info S. 35) befinden sich im Altstadtzentrum.
P am besten in der Tiefgarage der Therme Meran, ein sogenanntes „art drive in" mit unterschiedlichen Kunstwerken auf den Parkebenen. Von dort aus sind beide Häuser gut erreichbar.

Jüdisches Museum Meran

Nach dem Einmarsch der Deutschen Wehrmacht 1943 in Südtirol wurden fast alle noch hier lebenden Juden verhaftet und über das Lager Reichenau bei Innsbruck nach Auschwitz gebracht, darunter mehr als 80 Mitglieder der jüdischen Gemeinde Merans. Die Nazis benutzten die Synagoge dieser Stadt als Stall und plünderten das Inventar. Erst nach dem Krieg, als etwa 15.000 Überlebende auf ihrem Weg ins gelobte Land Israel in Südtirol Halt machten, wurde die Synagoge renoviert. Im Kellergeschoss konnte ein kleines, aber sehr sehenswertes und zum Nachsinnen über die Gräuel des Holocaust einstimmendes Museum eingerichtet werden (Info S. 35). Es ist nur fünf Gehminuten vom Altstadtzentrum entfernt und zeigt eine Ausstellung zur Macht des Wortes, das in der jüdischen Religion eine so große Rolle spielt. Dokumente erzählen hier die Geschichte der jüdischen Gemeinde Merans. Die Habseligkeiten der Verschleppten werden aufgezählt, die Befehle zur Deportation sind nachzulesen und es finden sich schließlich die Namen der Getöteten auf einer Liste des Simon-Wiesenthal-Centers. Aber auch eine Thorarolle mit den fünf Büchern Mose befindet sich darin. Als Symbol der Hoffnung für ein neues Leben in Liebe ist der Gebetsmantel zu sehen, den Rabbi Ermanno Friedenthal trug, als er 1946 hier die erste jüdische Hochzeit nach dem Krieg zelebrierte. Viele bekannte jüdische Persönlichkeiten besuchten Meran, darunter Stefan Zweig, Franz Kafka, Arthur Schnitzler, Chaim Weizmann und der russisch-jüdische Romancier Peretz Smolenskin, der auch in Meran starb.

EINKEHR

Zum Thema Frau passt ein Restaurant mit dem Namen der wohl berühmtesten Frauengestalt, die Meran besuchte: Kaiserin Elisabeth, genannt Sissi. Das **Restaurant Sissi** zählt zu den besten Adressen in Meran. Chefkoch Andrea Fenoglio kombiniert verfeinerte, aromatische italienische Gerichte mit witzigen Einfällen.
Meran, Galileistr. 44, Mo Ruhetag, Tel. 0473 231062, www.sissi.andreafenoglio.com

Hinter dem Namen des ersten Meraner **Biorestaurants Yosyag** (aus young-syn-age = Jung mit Alt) verbirgt sich eine Ernährungsphilosophie: Gesunde Ernährung sei natürliches „Make-up" für den Körper jeden Alters, meint Paul Hofer und bereitet für Jung und Alt Gerichte aus Bioprodukten, die er aus biodynamisch wirtschaftenden Kleinbetrieben bezieht. Meran, Goethestr. 40c, So u. Mo Mittag Ruhetag, Tel. 0473 204502

INS PHARMAZIEMUSEUM BRIXEN 26

Eine seit Menschengedenken besiedelte Alpenregion wie Südtirol ist reich an magischen Orten und Kultstätten zur Verehrung höherer Wesen und Naturgeister. Viele dieser Plätze wurden im Zuge der Christianisierung von Kirchenbauten überlagert. Aber eine der Macht der Naturgewalten ausgesetzte Bergbevölkerung vertraute in Krankheitsfällen auch immer wieder auf Heiler und Heilmittel aus den Kräften dieser Natur.

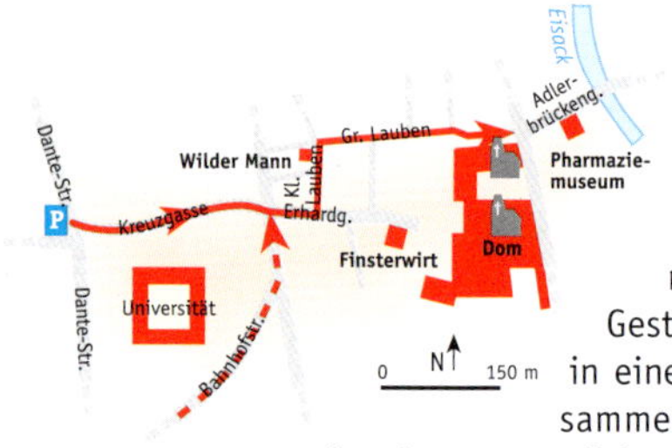

Eine der beiden Apotheken in der Altstadt von Brixen liegt unter den kleinen Lauben in einem Gebäude, dessen Eck von der geheimnisvollen Figur des „Wilden Mannes“ beherrscht wird. Diese magische Gestalt hat drei Köpfe, von denen jeder in eine der drei Gassen blickt, die hier zusammentreffen. Ein guter Ausgangspunkt für einen gemütlichen Spaziergang durch die kleinen und großen Lauben mit ihren zahlreichen Bars, Geschäften und Auslagen. Vorbei an einem der schönsten Bürgerhäuser der Altstadt, dem Pfaundlerhaus, durchschreiten wir das Michaelstor am Weißen Turm und erreichen in der Adlerbrückengasse die zweite Altstadtapotheke. Hier haben die Apotheker Elisabeth und Oswald Peer in sehr verdienstvoller Privatinitiative im Obergeschoss ihres historischen Gebäudes ein kleines, aber hochinteressantes Pharmaziemuseum

Pharmazie-museum Brixen

(Info S. 35) eingerichtet. Geheimnisvolle Rezepte und ihre Ingredienzien, wertvolle Gerätschaften aus eigenem Bestand wie Mörser, Reiseapotheken und alte Fachbücher zeigen hier mit modernster Museums- und Bildtechnik 400 Jahre Geschichte der Pharmazie. Eine historische Bürgerstube gibt Einblick in die Privatsphäre von vergangenen Apothekergenerationen. In der Bibliothek ist neben dem wertvollen Buchbestand auch die Spiegelinstallation des zeitgenössischen Künstlers Peter Senoner ein Blickfang. Das feine und intelligent gemachte Museum bezieht bewusst die heutige Heilkunst mit ein und enttarnt dabei so manches an Mythos und Aberglauben, ohne dabei die Heilkräfte der Natur infrage zu stellen. Sehr sehenswert!

Brixen, Pfaundlerhaus

Infos in Kürze

Die Brixner Altstadt ist Fußgängerbereich und vom Bahnhof nur zehn Gehminuten, am Tourismusverein vorbei, entfernt.

P Ein Parkhaus und ein großer Parkplatz befinden sich an der Brennerstraße vor der Universität und beim Hallen- und Freibad Acquarena, westlich bzw. nördlich direkt an der Altstadt.

EINKEHR

Der **Finsterwirt** ist eine kulinarische Institution Brixens mit über 200-jähriger Tradition. Das Restaurant erhielt jetzt eine „Papst-Benedikt-XVI.-Stube", denn der ehemalige Kardinal Ratzinger pflegte hier die vorzügliche Küche zu genießen. Es sind verfeinerte Traditionsgerichte, die Maria und Hermann Mayr in schönen Stuben anbieten. Brixen, Domgasse 3, So Abend u. Mo Ruhetag, Tel. 0472 835343, www.finsterwirt.com

Traditionsreich ist auch das **Hotel Elephant**: Es ist seit 250 Jahren im Besitz der Familie Heiss, die dieses Kleinod altösterreichischer Gastlichkeit hingebungsvoll pflegt und ohne kulinarischen Starrummel ihre Stammgäste bestens bekocht. Das liebenswürdige Personal scheint bereits zum Inventar des Hauses zu gehören. Brixen, Weißlahnstr. 4, kein Ruhetag, Tel. 0472 832750, www.hotelelephant.com

Castelfeder

Kult und Kirchen

Zwischen Eisack und Rienz, vor ihrem Zusammenfluss in Brixen, schiebt sich die Hochfläche von Natz-Schabs wie eine Art Keil zwischen die beiden Haupttäler. Sie ist seit Urzeiten besiedelt, wie Spuren vorkeltischer Volksgruppen belegen – sie werden als Laugener Kultur bezeichnet. Die Funde auf dieser Hochebene werden noch ergänzt durch das südlich davon im Mittelgebirge über Brixen gefundene Gräberfeld in Mellaun. Die Hügelkuppen in dieser Mittelgebirgslandschaft dienten wohl einst Kultzwecken, einige davon sind mit bemerkenswerten gotischen Kirchen überbaut worden. Eine Wanderung durch diese Landschaft oberhalb von Brixen bis nach Albeins ist sehr lohnend (ca. 3 Stunden ab Brixen, 370 Höhenmeter). Albeins mit seinen zwei Kirchen ist eine der ältesten Pfarreien Südtirols, die ursprünglich dem riesigen Bistum Aquileia zugeordnet waren.
In Südtirol wurden zahlreiche Menhire und Schalensteine aus vorgeschichtlicher Zeit gefunden. Einige davon sind im Südtiroler Archäologiemuseum in Bozen zu sehen. Oberhalb von Auer, südlich von Bozen, erhebt sich der von Gletscherschliffen geprägte Porphyrfelsen von Castelfeder. Auf ihm stehen die Ruinen einer vormittelalterlichen Ringmauer, innerhalb der noch Reste verschiedener Bauten und einer Kapelle gefunden wurden. Etwas tiefer davon zeugen Spuren von einer prähistorischen Großsiedlung. Wegen seiner besonderen Lage und auffallend kargen Vegetation wird die Hochterrasse von Castelfeder auch „Arkadien Tirols“ genannt – ein eindrucksvoller, magischer Ort (Info S. 35, TV Auer).

NÜTZLICHE ADRESSEN MIT ÖFFNUNGSZEITEN

ArcheoParc
Schnalstal
Unser Frau 163
Tel. 0473 676020
www.archeoparc.it
Mitte März–Anf. Nov. Di–So 10–18 Uhr, Juli u. Aug. auch Mo

Frauenmuseum Evelyn Ortner
Lauben 68
39012 Meran
Tel. 0473 231216
www.museia.org
Mo–Fr 10–12, 14–17 Uhr,
Sa 10–12.30 Uhr

Jüdisches Museum
Schillerstr. 14
39012 Meran
Tel. 0473 236127
ganzjährig, Di, Mi 15–18 Uhr,
Do, Fr 9–12 Uhr

kunst Meran
Lauben 163
39012 Meran
Tel. 0473 212643
www.kunstmeranoarte.com
Di–So 10–18 Uhr

Pharmaziemuseum Brixen
Adlerbrückengasse 4
39042 Brixen
Tel. 0472 209112
www.pharmazie.it
Di, Mi 14–18 Uhr, Sa 11–16 Uhr;
Juli u. Aug. Mo–Fr 14–18 Uhr,
Sa 11–16 Uhr

Südtiroler Archäologiemuseum
Museumstr. 43
39100 Bozen
Tel. 0471 320100
www.iceman.it
Di–So 10–18 Uhr; Juli, Aug. u. Dez. auch Mo

TV Auer/Montan/Neumarkt
Hauptplatz 5
39040 Auer
Tel. 0471 810231, Fax 0471 811138
info@castelfeder.info
www.castelfeder.info

Verkehrsamt Bozen
Waltherplatz 8
39100 Bozen
Tel. 0471 307000, Fax 0471 980128
info@bolzano-bozen.it
www.bolzano-bozen.it

TV Brixen
Bahnhofstr. 9
39042 Brixen
Tel. 0472 836401, Fax 0472 836067
info@brixen.org
www.brixen.org

Kurverwaltung Meran
Freiheitsstr. 45
39012 Meran
Tel. 0473 200443, Fax 0473 200188
info@meraninfo.it
www.meraninfo.it

Römischer Mithrasaltar von Mauls

DIE BLEICHEN BERGE

Wer über den Reschenpass, aus dem Münstertal oder über den Brenner nach Südtirol kommt, dem bieten sich zunächst die dunklen und teilweise vergletscherten Gebirgsketten der Ortlergruppe, der Ötztaler und Zillertaler Alpen dar. Tauchen dann plötzlich die Dolomiten auf, wird der Kontrast deutlich. So anders sind die aus geradezu bleichem Gestein hochragenden Felsspitzen und die steilen Kare aus verwittertem Geröll, die sich über die niedrigeren, weich geschwungenen und bewaldeten Bergrücken erheben! Diese zerklüfteten Felsformationen waren vor 230 Millionen Jahren vom Tethysmeer bedeckt. In jener Zeit lebten Korallen und andere Lebewesen im warmen Wasser. Schicht für Schicht lagerten sich Korallenriffe und abgestorbene Organismen auf dem Meeresboden ab. Dann zerbrach der riesige Urkontinent „Pangäa", der als abgekühlte Schicht auf dem heißen Magma des Erdinneren schwamm, in große Platten. Der afrikanische Teil driftete nach Norden und stieß

Blick zur Kreuzkofelgruppe

Alpenglühen am Rosengarten

auf die europäische Kontinentalplatte. Mit ungeheurem Druck wurde der alte Meeresboden zusammengeschoben, und in Jahrmillionen hob sich dahinter die Alpenkette aus dem Wasser. Mit ihr tauchten die Dolomiten aus den Meeressedimenten auf, und ihre Verwitterung setzte ein. In weiteren Millionen von Jahren entstanden so die heutigen kühnen Formen. Die geologische Basis für den Schlerndolomit ist das Vulkangestein des sog. Bozner Quarzporphyrs, der durch die Aufschiebung der Alpen emporgehoben wurde, zusammen mit anderen, noch darüber liegenden Schichten. Er tritt zu Füßen der Geislerspitzen und des Schlerns im Eisacktal als nördlichster Teil des weltweit größten Porphyrvorkommens zutage, das sich bis ins Unterland hinzieht. Von dort, aus den Porphyrbrüchen von Branzoll, wurde einst das ganze Habsburgerreich mit den rötlichen Pflastersteinen versorgt, die auch heute noch allerorts in Südtirol zu finden sind.

Das uralte Dolomitgestein trägt einen vergleichsweise jungen Namen: 1789 bereiste ein französischer Mineraloge, Déodat Gratet de Dolomieu, zusammen mit seinem Schüler Fleuriau de Bellevue Südtirol. Ihm fiel bei Pflersch und bei Salurn das helle Gestein der Berge auf. Dolomieu schickte Proben davon an seinen Genfer Freund Horace-Bénédict de Saussure, der darin ein Mineral aus Magnesium und Kalkkarbonat analysierte, schwerer und härter als der bereits bekannte Kalkstein. Er benannte es „Dolomia" nach Dolomieu, der so Namensgeber für die Dolomiten wurde, die man bis dahin meist nur als die „bleichen Berge" bezeichnete. Nur ein Teil der Dolomiten liegt auf Südtiroler Gebiet, der größere erhebt sich im Trentino und in der Provinz Belluno. Im Naturmuseum Bozen wird die Entstehung der Dolomiten didaktisch besonders gut gezeigt, aber auch die Naturparkhäuser der Provinz Bozen – Südtirol greifen je nach Themenschwerpunkt die Geschichte der „bleichen Berge" auf (www.provinz.bz.it/natur/2803/).

Eines aber ist den Dolomitengipfeln gemeinsam: *Enrosadüra* (Alpenglühen) ist das ladinische Wort dafür, wenn die fahlen Wände und Spitzen in der Abendsonne und bei sehr trockener Luft eine zartrötliche Färbung annehmen. Kaum jemand kann sich der Romantik dieses Naturschauspiels entziehen – besonders beeindruckend ist dabei z. B. der Blick aus der Stadt Bozen auf den Rosengarten.

Am Grödner Joch

EINE DOLOMITENRUNDFAHRT 25

In den Anfängen des Tourismus in Südtirol, als sich die Reisegesellschaften auch gern zum Schauen herumkutschieren ließen, gehörte eine Dolomitenrundfahrt zum Programm. Der überwältigende Eindruck dieser in den Alpen einmaligen Gebirgsformen hat bis heute nichts an Faszination verloren. Auch mit dem Auto lassen sich die Dolomiten und ihre ladinischen Täler zu einer großartigen Panoramafahrt verbinden.

Tourismusvereine und zahlreiche Hotels organisieren heute Dolomitenrundfahrten. Wer aber auf eigene Faust losfahren will, kann sich für den „Klassiker" – die Strecke von Bozen über den Karerpass zum Sellajoch und durch Gröden – entscheiden, oder aber z. B. Brixen als Ausgangspunkt wählen: Wir beginnen von dort unsere Panoramafahrt mit einer guten Karte (M 1:150 000) auf der Straße Richtung Plose. Über St. Andrä und Afers führt sie durch eine herrliche Landschaft zum Würzjoch am Fuße des nördlichsten Berges der Dolomiten, dem Peitlerkofel. Dann geht es durch Lärchenwälder über Untermoi hinab nach St. Martin im Gadertal, in das wir nach rechts einbiegen. Hier sprechen die Einheimischen vorwiegend Ladinisch, und die Ortsschilder sind dreisprachig. Linker Hand ragt

bald schon der Heiligkreuzkofel auf, dem wir uns von Pedratsches aus mit dem Sessellift bis zum Heiligkreuz-Hospiz nähern könnten. Durch den belebten Ferienort Stern mit dem Skiberg Piz la Ila kommen wir über Corvara auf die Passstraße zum Grödner Joch, die imponierend flankiert wird vom Sassongher rechts und der Sellagruppe links. Vom Grödner Joch geht die Fahrt mit prächtigem Blick auf den Langkofel ins Grödner Tal. Die ebenfalls ladinischen Orte Wolkenstein, St. Christina und St. Ulrich wachsen allmählich zusammen. Hier wird der Wintersport großgeschrieben! Nach St. Ulrich steuern wir das hoch über dem Eisacktal gelegene Dorf Lajen an, folgen von dort der Straße am Hang entlang in den schönen Ort Gufidaun und erreichen dann über Klausen wieder Brixen.

EINKEHR

Das **Chalet Gérard** lädt nach dem Grödner Joch kurz vor Wolkenstein als Aussichtsplatz zum Verweilen ein. Die Küche ist ausgezeichnet und bietet einfache Köstlichkeiten wie Polenta mit Steinpilzen. Wer in einem der acht gemütlichen Zimmer übernachtet, wird das Frühstück mit einmaligem Blick auf den von der Sonne angestrahlten Langkofel genießen. Wolkenstein, Plan de Gralba 37, kein Ruhetag, Tel. 0471 795274, www.chalet-gerard.com

Der **Gasthof Zur Krone** aus dem 16. Jh. am Dorfplatz von Lajen besitzt zwei schöne, alte getäfelte Stuben, in denen Familie Ploner üppige Südtiroler Kost und guten Wein serviert. Auch die Zimmer vermitteln mit ihren gescheuerten Holzböden und den Zirbenholzmöbeln viel Wärme und Gemütlichkeit. Lajen, Dorfplatz 13, Do Ruhetag, Tel. 0471 655635, www.lajen.com

Infos in Kürze

Die vorgeschlagene Dolomitenrundfahrt geht über 120 km, reine Fahrtzeit ca. 3 bis 3½ Stunden auf meist schmalen Straßen. Langsam fahren und besondere Achtung auf Motorradfahrer!

Von Frühjahr bis Herbst. Im Winter sind die Pässe gesperrt (Auskunft über die Tourismusvereine).

Schloss Sigmundskron

Schloss Sigmundskron

... oder „Der verzauberte Berg“, wie der Bergsteiger Reinhold Messner das zentrale Haus der Messner Mountain Museen bei Bozen gerne nennt. Das Thema Berg steht hier im Mittelpunkt: Modelle, Skulpturen, Expeditionsgegenstände und Fotos vermitteln den faszinierenden Zauber der Bergwelt. Vier weitere Museen Messners gehören noch dazu: In Sulden am Ortler eines zum Thema Gletscherwelten, in Messners Sommersitz Schloss Juval geht es um die heiligen Berge der Welt, auf dem Monte Rite (Provinz Belluno) um den Fels und zukünftig werden in Schloss Bruneck die Bergvölker thematisiert. Ein großartiges Gesamtkonzept, das Reinhold Messner nur unter großen Schwierigkeiten verwirklichen konnte und es deshalb seinen 15. Achttausender nennt.

In Sigmundskron, dem Zentrum der Museen, ist die moderne Architektur von Werner Tscholl bestens gelungen: Sie bleibt mit den Materialien Stahl und Glas bescheiden im Hintergrund zugunsten der zu erhaltenden historischen Substanz der Burg, die auf prähistorische Zeiten zurückgeht. Im Mittelalter war das Schloss Sitz der Trentiner Bischöfe, dann der Grafen von Tirol, bevor es Herzog Sigmund „der Münzreiche“ während der Auseinandersetzungen mit Venedig 1473 kaufte und in eine weiträumige Festung umbaute. Dabei wurde die alte Burg weitgehend abgetragen. Hohen politischen Symbolwert für Südtirol erhielt Sigmundskron, als der spätere Landeshauptmann Silvius Magnago dort auf einer Großkundgebung 1957 mit der Formulierung „Los von Trient“ die Autonomie für Südtirol forderte.

INS VILLNÖSSTAL 24

Das Villnösstal gehört zu den Tälern in Südtirol, in denen weitsichtig auf eine zurückhaltende und sanfte touristische Entwicklung gesetzt wurde. Tatsächlich ist es eines der schönsten Täler Südtirols geblieben, mit einem prachtvollen Blick auf die Geislerspitzen. Hier ist der Extrembergsteiger Reinhold Messner aufgewachsen und hat auf Bergen wie dem Sass Rigais seine ersten Klettererfahrungen gesammelt.

Fast schon am Ende des Villnösstals ließen im 17. Jh. reiche Bergwerksbesitzer, die Herren von Jenner aus Klausen, einige reizvolle Gebäude errichten: den ehemaligen Jagdansitz Ranui, der nun ein Bauernhof mit Ferienapartments ist, und davon etwas abgesetzt die entzückende barocke Kapelle St. Johann mit bemalter Fassade. Sie steht mitten in der Wiese vor der Kulisse der „bleichen Berge“ und bildet eines der beliebtesten Fotomotive Südtirols. Dort beginnen wir eine Genusswanderung unter der hoch aufragenden Geislergruppe. Wir folgen dem Weg Nr. 33 am rauschenden Villnösser Bach entlang bis zur Zanser Alm. Wir halten uns immer rechts, dann an die Markierung

St. Johann in Ranui

Heustadel vor Geislergruppe

Nr. 36 und gelangen auf dem bequemen Zufahrtsweg zur Glatschalm. Diese liegt auf einer Lärchenwiese schon fast auf der Höhe des Adolf-Munkel-Weges, zu dem wir nach einer kleinen Stärkung im Berggasthof hinüberwechseln. Dann wandern wir unter dem Kar der Furchetta und des Sass Rigais durch eine faszinierende Landschaft immer an der Baumgrenze entlang bis zur Weggabelung Weissbrunn. Dort beginnt links der Aufstieg durch das Kar zur Mittagsscharte, über die der Sass Rigais auf gut gesichertem Steig in 3 Std. erreicht werden könnte. Wir aber setzen unseren bequemen und malerischen Weg zur Brogles-Hütte (2045 m) fort, dem höchsten Punkt unserer Wanderung. Zurück folgen wir zunächst wieder ein Stück dem Adolf-Munkel-Weg, biegen dann aber links ab, der Markierung 28 folgend, und gelangen am Broglesbach entlang auf dem Forstweg nach Ranui.

Infos in Kürze

Diese Rundwanderung ist leicht und lohnend für ausdauernde Geher. Schlüssel zur Kapelle St. Johann im Ranuihof nebenan.

5 Stunden

Höhenunterschied: ca. 870 m

Sommer

P am Hotel Ranuimüllerhof

Bus 125 von Klausen bis Ranui

EINKEHR

Der **Berggasthof Glatschalm** liegt auf einer weiten Almwiese mit Lärchen und Zirben. Von der großen Sonnenterrasse aus bietet sich ein umwerfender Blick auf die Geislergruppe. Die Familie Profanter bereitet Südtiroler Gerichte und hat für Wanderer und Kletterer ein Matratzenlager und hübsch eingerichtete Zimmer, auch mit Halbpension. Ein Ferienziel! Villnöss, St. Magdalena 117, Ende Mai–Ende Okt. geöffnet, Tel. 0472 840270, www.glatschalm.com

Auf der sommers bewirtschafteten **Brogles-Hütte** geht es urig zu. Einfache Gerichte und reichliche Marenden gibt es in der kleinen Stube oder draußen an hölzernen Tischen und Bänken. Im Sommer lagern ganze Familien auf den Almwiesen und genießen picknickend die Schönheit der Landschaft unter der Seceda. Ca. Ende Juni–Ende Okt. kein Ruhetag, Tel. 338 4600101

Kultur-
zentrum
Grandhotel
Toblach

Grandhotels in den Dolomiten

1867 begann mit der Inbetriebnahme der Brennerbahn zwischen Innsbruck und Bozen und dann der Bahn durch das Pustertal 1871 eine Hochblüte des Tourismus in den Dolomiten. Reisen wurde Mode – zunächst für die noble Gesellschaft. Adel und Großbürgertum wollten am Zielort ihrer Reisen aber nicht auf den gewohnten Komfort verzichten und erwarteten den Luxus von Grandhotels, schlossartigen Prachtbauten der Gründerzeit mit perfektem Service, bester Küche und noblen Gesellschaftsräumen. Leider sind viele dieser stilvollen Hotels durch die Auswirkungen beider Weltkriege verloren gegangen. Während das Grandhotel Brennerbad 1921 restlos abbrannte und das Grandhotel Gröbner in Gossensass 1945 das gleiche Schicksal erlitt, sind vom Grandhotel Wildbad Innichen und vom Mitterbad St. Pankraz im Ultental nur noch Ruinen übrig. Die Grandhotels Esplanade in Meran und Penegal am Mendelpass konnten nur als Apartmenthäuser „gerettet" werden. Das Grandhotel in Toblach, das zusammen mit dem schönen Bahnhof von der Wiener Südbahngesellschaft gebaut wurde, ist heute ein Kulturzentrum und Jugendherberge. Unmittelbar in den Dolomiten sind aber noch zwei der einstigen Prachtbauten in Betrieb: Das direkt am Pragser Wildsee gelegene Grandhotel und das einst international berühmte Grandhotel Karersee, in dem schon Kaiserin Sissi nächtigte. Beiden haftet noch der noble Flair früherer Zeiten an, auch wenn der Stil des Tourismus heute ein anderer geworden ist – was man bisweilen bedauern mag.

ZUM PRAGSER WILDSEE 35

Der Pragser Wildsee ist eine wunderschöne Perle der Dolomiten. Das eiskalte Wasser zeigt immer wieder andere Farben: einmal smaragdgrün oder blau, dann wieder milchig bis schwarz oder durchsichtig bis auf den Grund – faszinierend! Wir wollen diesen märchenhaften See umrunden und einen gemütlichen Abstecher zur Grünwaldalm machen. Sportlich Ambitionierte können auch vom See aus zur Seekofelhütte aufsteigen.

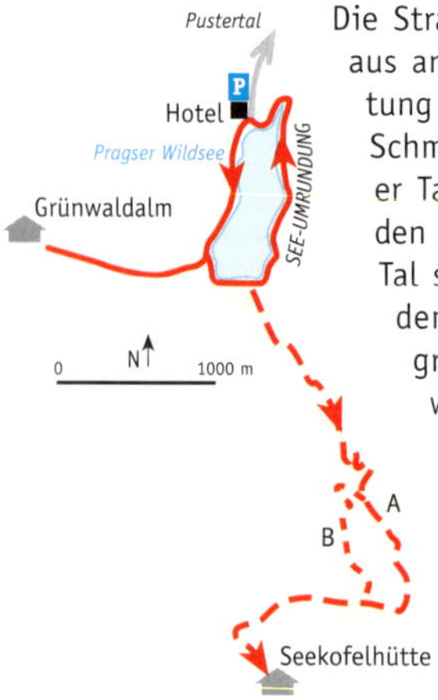

Die Straße zum Pragser Wildsee führt vom Pustertal aus an der Abzweigung kurz nach Welsberg in Richtung Süden, durch das flache Außerpragser Tal. In Schmieden zweigen wir nach rechts ins Innerpragser Tal mit seinen schönen Bauernhöfen ab. Durch den Bau des Hotels am Pragser Wildsee wurde das Tal schon früh ein beliebtes Ziel für Touristen. In dem ehemaligen Grandhotel, einem grandiosen granitummauerten Monument der k. u. k. Zeit, wurde auch ein Stück Kriegsgeschichte geschrieben: Es nahm Ende April 1945 eine Gruppe prominenter und internationaler Geiseln auf, die aus den Händen der SS vor Kriegsende gerade noch rechtzeitig befreit worden war. Leider ist neben großen Parkplätzen

und banalen Kiosken viel von der alten Pracht des Grandhotels verblasst. Aber es gibt Ruderboote zu mieten, um an das andere Ende des Sees zu einem schönen Kiesstrand unter der gewaltigen Nordwand des Seekofels zu gelangen. Wir nehmen vom Hotel aus nach rechts den idyllischen Seerundweg Nr. 1 und wandern bis zur Abzweigung mit der Markierung Nr. 19, die uns ins Grünwaldtal geleitet, wo wir etwa nach einem Kilometer die gastliche Grünwaldalm erreichen. Auf gleichem Weg zurück am See, setzen wir die wirklich lohnende Rundwanderung auf dem Weg Nr. 1 am Ufer fort. Am Südende des Sees zweigt der Dolomitenhöhenweg ab, auf dem in etwas über 3 Std. die Seekofelhütte (im Sommer bewirtschaftet) erreicht werden kann. Das ist jedoch ein Ausflug für ausdauernde Geher, die den steilen Anstieg auf 2328 m auf teilweise gut abgesichertem Felssteig ins Herz der Pragser Dolomiten nicht scheuen.

Am Pragser Wildsee

Infos in Kürze

Die Umrundung des Pragser Wildsees mit dem Abstecher zur Grünwaldalm ist ein Ausflug für die ganze Familie ohne jede Schwierigkeit.
ca. 2 Stunden
Höhenunterschied: 115 m
Die Wanderung auf steilem Pfad zur Seekofelhütte erfordert Ausdauer und etwas Bergerfahrung.
ca. 5½ Stunden
Höhenunterschied: 1113 m
Sommer
P auf dem Großparkplatz vor dem Pragser Wildsee

EINKEHR

Umringt von dramatischen Felsabstürzen liegt die **Grünwaldalm** in einer lieblichen Wiesenlandschaft auf 1590 m Höhe. In der Jausenstation können sich die Gäste von Ende Mai bis Mitte Oktober mit einfachen Südtiroler Gerichten stärken.

Von der Seekofelscharte (2388 m) aus sehen wir die **Seekofelhütte** (Rifugio Biella) bereits etwas unterhalb liegen. Sie ist in wenigen Minuten erreicht. Von Ende Juni bis einschließlich September ist sie bewirtschaftet, Tel. 0436 866991

Das etwas renovierungsbedürftige **Hotel Pragser Wildsee** bietet neben dem großen Speisesaal mit Terrasse zum See auch eine wirklich gemütliche getäfelte Stube mit bürgerlicher Küche.

Prags, Pragser Wildsee, kein Ruhetag, Tel. 0474 748602, www.pragserwildsee.com

Das erste Tourismus-Museum im Alpenraum

Haus Wassermann, Fremdenverkehrsmuseum

Das Hochpustertal wurde durch den Bau der Südbahn zwischen Franzensfeste und Wien schon in der zweiten Hälfte des 19. Jahrhunderts touristisch erschlossen. Wien war nur noch eine Tagesreise entfernt, und die Gegend wandelte sich zur Sommerfrische der feinen Gesellschaft der k. u. k. Monarchie. Das war die Zeit der Grandhotels wie des Toblacher „Südbahnhotels", in welchem auch der deutsche Kronprinz Friedrich Wilhelm abstieg. Aber sogar schon früher, im 17. Jh., zogen die ersten Sommerfrischler aus dem Veneto gern in die kühleren Höhen des Pustertales, weil frische, kalte Luft als Schutz vor der Pest galt. Die geniale Wirtin Emerentia Hellenstainer („Frau Emma", 1817–1904) des Hotels „Schwarzer Adler" in Niederdorf war unter den Pionieren des Fremdenverkehrs. Ihr Sohn Eduard erbaute das Grandhotel „Pragser Wildsee". Passend also, dass das erste Tourismusmuseum Südtirols in Niederdorf eingerichtet wurde. Es ist ein Erlebnismuseum ohne Effekthascherei, das Tourismus als sozialgeschichtliches Phänomen aufarbeitet. Die Ausstellungsstücke und überdimensionale Fotografien dokumentieren zum Teil mit Tonbandaufnahmen, wie „Reisen" damals war. Ein Raum ist ganz den alpinen Pionieren des Tourismus gewidmet. Alles ist gut in Szene gesetzt und fügt sich überraschend gut in das historische Haus Wassermann ein, dessen sehenswerte alte Räume mit Kassettendecken, alten Täfelungen und Kachelöfen ausgestattet sind. Ein beachtenswertes und hervorragend gemachtes Museum!

Drei Zinnen

NÜTZLICHE ADRESSEN MIT ÖFFNUNGSZEITEN

Fremdenverkehrsmuseum Pustertal
Haus Wassermann
Hans-Wassermann-Str. 8
39039 Niederdorf
Tel. 0474 745136
Dez.–Feb., Mai–Juni Fr–So 16–19 Uhr, Sa 9–12, 16–19 Uhr, Juli–Sept. Di–So 16–19 Uhr

MMM Firmian
Messner Mountain Museum
Schloss Sigmundskron
Sigmundskroner Str. 53
39100 Bozen
Tel. 0471 631264
www.messner-mountain-museum.it
1. So im März–letzter So im Nov. Di–So 10–18 Uhr

Naturmuseum Südtirol
Bindergasse 1
39100 Bozen
Tel. 0471 412960
www.naturmuseum.it
Di–So 10–18 Uhr

Naturparkhaus Fanes-Sennes-Prags
Katharina-Lanz-Str. 96
39030 St. Vigil in Enneberg
Tel. 0474 506120
Ende Dez.–Ende März, Anf. Mai–Ende Okt. Di–Sa 9.30–12.30, 16–19 Uhr

Naturparkhäuser der Provinz Südtirol
www.provinz.bz.it/daksy/de/nph/naturparkhaeuser.html

TV Abtei
Pedratsches Str. 40
39036 Pedratsches
Tel. 0471 839695
pedraces@altabadia.org
www.altabadia.org

TV Brixen
Bahnhofstr. 9
39042 Brixen
Tel. 0472 836401, Fax 0472 836067
info@brixen.org
www.brixen.org

TV Pragser Tal
Außerprags 78
39030 Prags
Tel. 0474 748660, Fax 0474 749242
info@pragsertal.info
www.pragsertal.info

TV Villnöss
St. Peter 11
39040 Villnösser Tal
Tel. 0472 840180, Fax 0472 841515
info@villnoess.info
www.villnoess.com

ORTE DER STILLE

Sebenum nannten die Römer den steilen Dioritfelsen, der die Enge des Eisacktals über dem heutigen Klausen überragt. Als der „heilige Berg Säben" oder die „Akropolis von Südtirol" wird er noch heute mit Verehrung gerne bezeichnet. Dieser geradezu erhabene Ort wurde um 400 n. Chr. unter dem Metropoliten von Aquileia zum Ausgangspunkt der Christianisierung Tirols noch in römischer Zeit. Mit dem hl. Ingenuin ist Säben 590 Bischofssitz geworden. Das heutige, eindrucksvoll hoch über Klausen gelegene Kloster wurde schließlich zum Symbol für christliche Tradition in Südtirol. Karl der Große strebte nach der Eroberung des Langobardenreiches 774 auch die geistliche Herrschaft über Oberitalien an und veränderte daher die Bistumsgrenzen. Er erhob die Kirchenprovinz Salzburg zum Erzbistum (798), dem das Bistum Säben eingegliedert wurde. Diese Orientierung nach Norden sollte in der Zukunft kaum zu unterschätzende Folgen für die Geschichte Südtirols haben. Karl der Große setzte zudem den bayerischen Herzog Tassilo III. ab, der zur Christianisierung der slawischen Grenzregionen zum Pustertal das Kloster Innichen gegründet hatte. Es wurde nun ebenfalls eine geistliche Bastion des Frankenreichs. Aus dieser Zeit der kirchlichen Neuorientierung ist ein eindrucksvolles Bild erhalten geblieben: Auf einem Fresko der Kirche St. Benedikt von Mals im oberen Vinschgau blickt uns ein Adeliger in karolingischer Hofkleidung an. Als Otto der Große mit seinem Zug nach Rom zur Kaiserkrönung durch den Papst die Tradition der über sechzig kaiserlichen

Kreuzgang beim Brixner Dom

St. Helena im Ultental

Krönungszüge begann, war ein sicherer Weg nach Süden notwendig. Das gelang nun mit der Hilfe der Kirche. Die Fürstbistümer entlang Eisack und Etsch wurden gegründet. Ludwig das Kind schenkte dem Säbener Bischof 901 den Hof Prichsna, aus dem die Bischofsstadt Brixen entstand. 1027 bekam der Brixner Bischof die Eisackregion als Reichslehen übertragen, das Bistum Trient hingegen das Unterland mit Bozen, das Überetsch und den Vinschgau. So konnten sich beide Fürstbistümer unabhängig von Bayern bzw. Verona entwickeln. Aus innerkirchlichen Gründen übten die Bischöfe die weltlichen Machtbefugnisse aber nicht selbst aus, sondern belehnten Vögte mit Grafschaften, die sich schon bald konkurrierend gegenüberstanden. Schließlich gingen die Grafen von Tirol als Sieger des Kräftemessens hervor und behielten die Macht über die Bistümer Trient und Brixen, bis die letzte Gräfin von Tirol, Margarete Maultasch, 1363 die Regierungsgewalt an Herzog Rudolf IV. von Habsburg übergab. Damit begann die 555 Jahre währende Zugehörigkeit Südtirols zum katholischen Hause Habsburg. Wie im übrigen christlichen Abendland auch, hatten bis in die Neuzeit hinein die Klöster Aufgaben der schulischen Erziehung und Kultivierung des Landes übernommen. Zu wichtigen Mittelpunkten wurden dabei die im 12. Jh. erbaute Benediktinerabtei Marienberg im Vinschgau und das vom Brixner Bischof Hartmann 1142 gegründete Kloster Neustift im Eisacktal, das bis heute von den Augustiner Chorherren geführt wird. Neben diesen geistlichen Zentren entstanden zahllose Kapellen, viele beliebte Wallfahrtsorte und Hunderte schöner Kirchen in Südtirol, in denen auch heute noch die Gläubigen Orte der Stille und der Besinnung vorfinden.

Kloster Neustift mit Engelsburg (l.)

VOM BRIXNER DOMBEZIRK ZUM KLOSTER NEUSTIFT 27

Der Spaziergang vom Brixner Domplatz zum Kloster Neustift verbindet zwei bedeutende geistliche Zentren Südtirols. Auch wenn deren einstige Macht vergangen ist, so haben ihr Kunstwert und ihre geistliche Ausstrahlung bis heute nichts an Anziehungskraft verloren. Der Weg durch das nördlichste Weinbaugebiet Italiens ist auch durch den Wechsel zwischen Stadt und bäuerlicher Kulturlandschaft besonders reizvoll.

Der Brixner Dom ist ein 1755 groß angelegter Neubau auf den Fundamenten eines ottonischen Münsters. Hier haben die besten Künstler des Tiroler Barocks Meisterwerke hinterlassen, überwölbt von einem großen Deckengemälde von Paul Troger. An den Dom schließt sich der Kreuzgang aus dem 13. Jh. an, der mit seinen Fresken der Brixner Schule aus dem 14. und 15. Jh. eine einzigartige „Bilderbuchbibel" darstellt. An den Kreuzgang grenzt die spätromanische Johanneskapelle mit Wandgemälden aus dem 13. Jh. Vom Domplatz, einem der schönsten Stadträume Südtirols, wandern wir über die Adlerbrücke auf der linken Eisackseite flussaufwärts unter Alleebäumen und später an Obstgärten vorbei nach Neustift. Das Kloster der Augustiner Chorherren ist nicht nur für Kunstreisende einer der beeindruckendsten Orte in Südtirol – auch der Weinkeller ist berühmt. Die Klosterbauten wurden ab 1476 mit Ringmauern, Gräben und Türmen gegen die gefürchteten Türken versehen. Sie widerstanden aber fünfzig Jahre später nicht einmal den aufständischen Bauern unter Michael Gaismair. Selbst nach der barocken Umgestaltung blieb der befestigte Eindruck von Neustift erhalten. Das Innere der 1738 ausgestatteten Stiftskirche zählt zu den glanzvollsten spätbarocken Bauten im Lande. Sehenswert sind außerdem noch der gotische Kreuzgang, der Wunderbrunnen, die Viktorskapelle und die großartige barocke Stiftsbibliothek. Der Rückweg führt über den Weg Nr. 1 durch die Weinberge von Kranebitt am Schloss Hahnberg vorbei in die Stadt zurück.

Dom, Brixen

EINKEHR

Dem Spaß- und Sportbad Acquarena ist das **Restaurant Grissino** angegliedert. Hier treffen sich keineswegs nur Badegäste, sondern alles, was sich chic, jung und flippig fühlt. Markus Huber und sein teilweise asiatisches Team bieten fernöstliche Spezialitäten und leichte, mediterrane Kost auf hohem Niveau zu vernünftigem Preis.
Brixen, Altenmarktgasse 28b,
kein Ruhetag, Tel. 0472 262510,
www.acquarena.it

Der **Gasthof Sunnegg**, aussichtsreich in den Weinbergen des Kranebitt gelegen, hat sich vom Buschenschank zu einem gemütlichen Wirtshaus mit anspruchsvoller Küche entwickelt. Unter dem Birnbaum im Gastgarten mit schönem Talblick kann man in der Herbstsonne bei Eigenbauwein die Zeit völlig vergessen.
Brixen, Weinbergstr. 67, Mi u. Do Mittag Ruhetag,
Tel. 0472 834760, www.sunnegg.com

Flügelaltäre in Südtirol

Die Alte Pfarrkirche zu Unserer Lieben Frau in Bozen-Gries enthält mit Teilen des Marienkrönungsaltars von Michael Pacher (um 1435–1498) ein Meisterwerk der gotischen Schnitzkunst. Obwohl es sich um ein Frühwerk Pachers handelt, sind hier die Figuren nicht wie sonst allgemein in der Gotik statuarisch nebeneinander gestellt, sondern kompositorisch in perspektivischer Einteilung aufeinander bezogen und mit der Architektur des Schreins verbunden. Leider ist der im Barock abgebaute und erst 1846 wieder entdeckte Flügelaltar nicht mehr vollständig. (M.-Knoller-Str., Apr.-Okt. Mo–Fr 10.30–12 u. 14.30–16 Uhr).

Pacher-Altar in der Alten Grieser Pfarrkirche

In Niederlana steht in der alten Pfarrkirche von Lana ein riesiger, über 14 m hoher Flügelaltar, den Hans Schnatterpeck Anfang des 16. Jh. schuf. Er ist der höchste Flügelaltar im Alpenraum. Stilistisch steht er allerdings noch hinter den schon früher ausgeführten Arbeiten Michael Pachers. Die Malereien an den Außenseiten der Flügel stammen von Hans Schäufelein, einem Schüler von Albrecht Dürer. Aber auch die 1492 geweihte gotische Pfarrkirche verdient Beachtung (Info S. 59).

In Latsch befindet sich in der Spitalkirche zum Hl. Geist (Info S. 59) das in Südtirol berühmteste Werk des Jörg Lederer, ein gotischer Flügelaltar, 1524 geschaffen, der in den Details und der Gesamtkomposition bereits deutliche Übergänge zur Renaissance zeigt. Die Figuren des dreiteiligen Schreins verbinden sich über die Trennungen der Schreinnischen miteinander zu einem einzigen Gesamtkunstwerk in besonderer szenischer Dramatik.

Infos in Kürze

Ein bequemer Familienspaziergang für Kunstliebhaber.
ca. 2 Stunden
Höhenunterschied: ca. 100 m

P auf dem Parkplatz des Hallen- und Freibads Acquarena.
Mit dem Zug bis Brixen. Vom Bahnhof sind es 10 Min. zu Fuß zum Domplatz.

VON KLAUSEN NACH KLOSTER SÄBEN UND PARDELL 23

Südlich des weiten Brixner Beckens rücken die Bergflanken eng zusammen und eröffnen dann plötzlich den Blick auf den Säbener Felsen mit der imposanten Klosteranlage, welche die dicht zusammengedrängte Altstadt von Klausen mit der Burg Branzoll fast senkrecht überragt. Winzerhöfe über den Trockenmauern der steilen Weinterrassen blicken auf den Talgrund, von dem aus wir die Höhen ersteigen wollen.

Wir beginnen unsere Wanderung in der malerischen Altstadt von Klausen, am nördlichen Stadttor. In der Pfarrkirche St. Andreas von 1498 sind zahlreiche Kunstwerke zu besichtigen, die aus einbruchgefährdeten Kirchen der Umgebung hierher gebracht wurden. Im Stadtmuseum, das im ehemaligen Kapuzinerkloster untergebracht ist, bildet der Loretoschatz die bedeutendste Kunstsammlung in Klausen. Es handelt sich um Geschenke – darunter ein Reisealtar des Königspaares – der Spanischen Königin Maria Anna als Dank an ihren Beichtvater Gabriel Pontifeser, der aus Klausen stammte. Vom südlichen Ende der Altstadt führt der Weg Nr. 1 über Stufen steil hinauf, an der

Kloster Säben

Burg Branzoll vorbei und durch Weinberge in die zinnengekrönten Umfassungsmauern von Säben zur 1668 erbauten barocken Frauenkirche, einem achteckigen Bau mit geschmackvoller Innenausstattung. Hoch über der Tinnebachschlucht gelangen wir durch zwei in den Felsen gehauene Tunnel in den Klosterkomplex mit dem Barockbau der Klosterkirche. Die mittelalterliche Heiligkreuzkirche, am höchsten Punkt der Anlage 1270 erbaut, ist 1679 mit einer Illusionsmalerei ausgestattet worden, die an eine Theaterdekoration erinnert und dem alten Gotteshaus eine weltliche Anmutung verleiht. Das nach wechselvoller Geschichte des Burgberges schließlich in den Jahren 1681–1686 errichtete Benediktinerinnenstift ist nicht zu besichtigen. Wir wandern weiter hinauf zum Weiler Pardell und kehren nach einer Marende im Gasthof Huber über den Panoramaweg auf der Ostseite des Säbener Berges wieder nach Klausen zurück.

Altstadtgasse in Klausen

Infos in Kürze

Der Aufstieg zum Kloster Säben ist steil, aber kurz und bietet keine Schwierigkeiten, ebenso wenig wie der weitere Weg nach Pardell.
ca. 1½ Stunden
Höhenunterschied: 230 m

Am schönsten ist der Ausflug im Herbst.
P am nördlichen oder südlichen Altstadtrand.

EINKEHR

Im Hotel Bischofhof führt Martin Obermarzoner in seinem kleinen Gourmetrestaurant **Jasmin** eine kreative Küche. Seine Degustationsmenüs ermöglichen kulinarische Entdeckungsreisen mit überraschenden Köstlichkeiten, die für wenige Tische, vom großen rustikal gehaltenen Speisesaal abgetrennt, zubereitet werden. Klausen, Griesbruck 4, Di Ruhetag, Tel. 0472 847448, www.bischofhof.it
Der Abstecher von Säben hinauf nach Pardell lohnt sich: dort liegt der **Gasthof Huber**, eine gemütliche Bauernwirtschaft mit ursprünglicher Südtiroler Küche. Dazu gibt es Eigenbauweine, die an den einfachen Holztischen im hübschen Apfelgarten, mit schöner Aussicht über das Tal, besonders gut schmecken. Klausen, Pardell 50, Mo Ruhetag, Tel. 0472 855479

Anfänge des Christentums in Südtirol

Die Funde einer frühchristlichen Kirche (um 400) in *Sebatum*, wie die römische Militärstation des heutigen St. Lorenzen hieß, sind die ältesten Zeugen der Christianisierung des Pustertals. In der benachbarten Sonnenburg wurde 1975 eine der ältesten Krypten Tirols entdeckt, die vermutlich um 1020 errichtet wurde.
In Innichen gründete der Bajuwarenherzog Tassilo III. 769 ein Kloster, um die heidnischen Slawen zu missionieren. Um 1150 entstand ein romanischer Neubau, der später barockisiert und 1846 im Geist der Neuromanik umgebaut wurde. Die Stiftskirche St. Candidus lässt nach der Renovierung 1967 wieder das ursprüngliche romanische Baukunstwerk erkennen. Es enthält mit der Kreuzigungsgruppe ein einzigartiges romanisches Skulpturenensemble. Vieles vom Kunstbestand ist nebenan im Stiftsmuseum zu sehen (Info S. 59).
Im Vinschgau treffen wir in Naturns auf eine Kirche des frühen Christentums, St. Prokulus, die in ihrem Inneren eine der ältesten Wandmalereien im deutschsprachigen Raum enthält. Kunsthistoriker rätseln noch über die genaue Datierung. Das benachbarte Museum zeigt die abgenommenen Fresken der Kirche und weitere Ausstellungsstücke. (Info S. 59).
Im oberen Vinschgau, in Mals, befindet sich die romanische Kirche St. Benedikt, die um 800 erbaut wurde. Bedeutend sind die Fresken des Innenraumes, darunter Christus mit der Weltkugel, die älteste Benediktslegende in dieser Form und mit der Figur eines Adeligen die erste Darstellung einer weltlichen Person in karolingischer Zeit. (Info S. 59).

Stiftskirche Innichen

ÜBER DIE MALSER HEIDE ZUM KLOSTER MARIENBERG ❷

Die Malser Heide ist der größte Schwemmkegel der Alpen. Weite Wiesen, durchzogen vom alten Bewässerungssystem der Waale, überragt von den Berggipfeln des Ortler-Gebiets, prägen hier die großartige Landschaft des oberen Vinschgaus. Unsere Wanderung von Mals nach Burgeis führt uns mitten hindurch und außerdem zu einer Reihe von sakralen Meisterwerken, die hier auf kleinem Raum zahlreich vertreten sind.

Auf der Fahrt in den Vinschgau mit der 2005 wieder eröffneten Bahn von Meran nach Mals sind die 18 gut renovierten Bahnhöfe, die zum größten Teil aus der Zeit der Donaumonarchie stammen und im Stil hübscher Villen errichtet wurden, ein Blickfang. Vom Bahnhof Mals aus durchwandern wir den Ort mit seinen schönen Fassaden, besichtigen die Pfarrkirche und steigen auf den Rundturm der Fröhlichsburg (Di, Mi u. Do 11 Uhr). Die Fresken von St. Benedikt, die zu den bedeutendsten Kunstschätzen in Südtirol zählen, lohnen ebenfalls eine Besichtigung. Am nördlichen Ortsausgang folgen wir dann der Markierung Nr. 15 dem Punibach entlang und nehmen nach ca. 1 km den Weg Nr. 17, auf dem wir die Malser Heide nach Burgeis überqueren. Es ist einer der hübschesten Orte des Vinschgaus,

mit der St.-Nikolaus-Kirche im oberen Ortsteil und im Ortskern dem St.-Michael-Brunnen und der Pfarrkirche Maria Empfängnis. Sie enthält die Orgel von 1678 aus Kloster Marienberg, das nun über den Weg Nr. 1, vorbei an der Heiligkreuzkapelle (17. Jh.), unser nächstes Ziel ist. Die Edlen von Tarasp gründeten im frühen 12. Jh. das Kloster, das über Jahrhunderte das von Benediktinern geführte geistige Zentrum des Vinschgaus war. In der Krypta ist – nur während der Vesper zugänglich – einer der ältesten und größten romanischen Freskenzyklen in beeindruckend kräftigen Farben zu sehen. Zurück in Burgeis, besichtigen wir noch die Fürstenburg von 1282. Sie beherbergt heute, mit modernen Bauteilen gut ergänzt, eine Landwirtschaftsschule (Führung: Anf. Juli – Anf. Sept., Mo u. Mi 13.30 Uhr). Den Rückweg nach Mals nehmen wir auf dem Weg Nr. 4 wieder über die Malser Heide.

Kloster Marienberg, Burgeis, Malser Heide und Fürstenburg

EINKEHR

Zwischen den dörflichen Häusern in Burgeis befindet sich das **Hotel-Restaurant Gerda**, das mit einem neuen Anbau zu einer modernen, aber maßstäblichen Architektur gefunden hat. Auch im Inneren ist Altes und Neues schön verbunden. Familie Noggler kocht regionale und italienische Gerichte. Burgeis, Burgeis Nr. 65, Mo Ruhetag, Tel. 0473 831425, www.gerda-burgeis.it

Im Zentrum von Mals liegt das repräsentative **Hotel Greif**, das sich die Atmosphäre eines Einkehrgasthofes bewahrt hat. Bei Familie Sagmeister gibt es Vollwertkost, und für seine in Naturholz möblierten Zimmer und sehr schönen Apartments wurde das Haus mit dem Umweltsiegel ausgezeichnet. Mals, General-Verdroß-Str. 40a, So Ruhetag, Tel. 0473 831429, www.hotel-greif.com

Moderner Kirchenbau in Südtirol

Die bäuerliche Gesellschaft Südtirols empfand ihr Wohlergehen auch immer vom Segen des Himmels abhängig. Überall sind deshalb Zeichen des Glaubens zu sehen, von Kreuzen am Wegesrand bis zu all den vielen kleinen und großen Kirchenbauten. Auch heute noch sind die Kirchen am Sonntag gut besucht. So wurde die Pfarrkirche in Leifers südlich von Bozen zu klein für die stark angewachsene Gemeinde. Die Architekten Höller & Klotzner schufen zusammen mit den Künstlern Carmen Müller und Manfred A. Mayr einen Anbau an die dabei kaum veränderte, bestehende Kirche, die als Tageskapelle genutzt wird. Es gelang ihnen einen ergreifenden, fast mystisch wirkenden neuen Kirchenraum zu gestalten. Warmes Ahornholz umfängt den Besucher, geneigte Wände, abfallender Boden und eine raffinierte Lichtführung versetzen den Gläubigen in eine meditative Welt der inneren Stille.

Pfarrkirche Leifers

Ebenfalls kompromisslos modern haben die Architekten Mahlknecht & Mutschlechner im dörflichen Luttach (Ahrntal) der Kirche auf dem Hügel eine Friedhofserweiterung mit Kapelle hinzugefügt. Die ernste und klare architektonische Ausformung der Bauteile in Beton wird noch durch den vom Künstler Lois Steger schwarz ausgestrichenen Aussegnungsraum verstärkt. So überraschend anders die modernen Lösungen in einem konservativen und traditionsbewussten Land auf den ersten Blick erscheinen, so überzeugend führt andererseits der auf diese Weise geschaffene Dialog zwischen Alt und Neu die traditionelle Baukultur Südtirols mit Baudenkmälern der Zukunft fort.

Infos in Kürze

Eine leichte Familienwanderung
ca. 3 Stunden
Höhenunterschied: 280 m
besonders schön im Juni, wenn die Wiesen blühen!
P Parkplatz im Ort.

mit der Vinschger Bahn bis Mals, Fahrplanauskunft: www.vinschgerbahn.it
Am Bahnhof Mals können Fahrräder für die Rückfahrt gemietet werden.

NÜTZLICHE ADRESSEN MIT ÖFFNUNGSZEITEN

Kloster Marienberg
Schlinig 1, 39024 Mals
Tel. 0473 831306
www.marienberg.it
tagsüber zugänglich, Krypta nur zur Vesper, Anf. Mai–Ende Okt. Mo–Sa 17.45 Uhr

Kloster Neustift
Stiftstraße 1, 39040 Neustift
Tel. 0472 836189
www.kloster-neustift.it
Führungen: Mo–Sa um 10, 11, 14, 15, 16 Uhr, Mitte Juli–Mitte Sept. auch 12 u. 13 Uhr
Stiftskellerei: Verkostung nach Anmeldung

Kloster Säben
Liebfrauenkirche nur mit Anmeldung über Tourismusverein
Tel. 0472 847424, Apr.–Okt. Di u. Fr 14–17 Uhr, Sa 10–12, 14–17 Uhr
Gnadenkapelle, Heiligkreuz- und Klosterkirche tägl. 8–17 Uhr

Pfarrkirche Niederlana mit Schnatterpeckaltar
Besichtigung nur mit Führung Apr.–Okt. Mo–Sa
Auskunft: TV Lana, Tel. 0473 561770

Prokulus Kirche und Museum
St. Prokulusstraße, 39025 Naturns
Tel. 0473 667312
www.prokulus.org
Öffnungszeiten: 2 Wo. vor Ostern–Anf. Nov. Di–So 9.30–12, 14.30–17.30, ab 15. Okt. Di–So 9.30–12, 14–17 Uhr

Spitalkirche zum Hl. Geist
39021 Latsch
Ganzjährig geöffnet
Schlüssel nebenan im „Annaberg-heim"

St. Benedikt in Mals
Nach Voranmeldung tags zuvor im TV, Tel. 0473 737070
Führungen: im Juli Fr 15 Uhr, im Aug. 16 Uhr; Juni, Sept., Okt. auf Anfrage

Stadtmuseum Klausen
Frag 1, 39043 Klausen
Tel. 0472 846148
Ende März–Ende Juli Di–Sa 10–12, 16–19 Uhr, Anf. Aug.–Anf. Nov. Di–Sa 9.30–12, 15.30–18 Uhr

TV Brixen
Bahnhofstr. 9, 39042 Brixen
Tel. 0472 836401, Fax 0472 836067
info@brixen.org
www.brixen.org

TV Klausen
Tinneplatz 6, 39043 Klausen
Tel. 0472 847424, Fax 0472 847244
info@klausen.it
www.klausen.it

Fresken St. Prokulus, Naturns

TV Lana
Andreas-Hofer-Str. 7b, 39011 Lana
Tel. 0473 561770, Fax 0473 561919
info@lana.net
www.lana.net

Ferienregion Obervinschgau
St.-Benedikt-Str. 1, 39024 Mals
Tel. 0473 737070, Fax 0473 831901
www.ferienregion-obervinschgau.it

Tourismusverband Vinschgau
Kapuzinerstr. 10, 39028 Schlanders
Tel. 0473 737000
www.vinschgau.is.it

MITTELALTERLICHE STÄDTE

Südtirol zählt sieben historische Städte: Bozen, Meran, Brixen, Bruneck, Sterzing, Klausen und Glurns. Ihre Altstädte haben vieles gemeinsam: Schmale Häuserfronten mit Erkern und häufig Laubengängen entlang der engen Gassen. Die Bedeutung und Entstehung der Städte ist jedoch unterschiedlich, und jede hat ihren besonderen Charakter.

Im Gebiet der heutigen Landeshauptstadt der Autonomen Provinz Bozen-Südtirol lag zur Römerzeit die Militärstation *Pons Drusi*. Ab 1027 entwickelte sich unter Bischof Ulderich II. von Trient die Siedlung zur Kaufmannstadt. Bozen stieg zur Handels- und Messestadt auf und erhielt unter Claudia de Medici ein eigenes Handelsgericht mit deutsch-italienischem Statut.

Auch Meran war als *Castrum Maiense* römische Militärstation an der Via Claudia Augusta. Unter den Grafen von Tirol wurde das schön gelegene Städtchen Hauptstadt von Tirol, bis das Land 1363 von der letzten Tiroler Herrscherin Margarete Maultasch an die Habsburger übergeben wurde. Im 19. Jh. stieg Meran zur beliebtesten Kurstadt der k. u. k. Monarchie auf, eine glanzvolle Epoche, an die heute mit der neuen Therme und vielfältigen kulturellen Angeboten auf andere Weise wieder angeknüpft werden soll.

Brixen, Große Lauben

Brixen ist die älteste Stadt Tirols. Ihre Gründung fällt auf das Jahr 901, als die Bischöfe vom Kloster Säben nach Brixen umzogen. Neben Trient wurde die Stadt zum bedeutendsten Bistum an der Südgrenze des deutschen Sprachraumes. Über tausend Jahre, bis zur Verlegung des Bischofssitzes nach Bozen, blieb Brixen Bischofsstadt und erhielt 1998 eine Universität.

Bruneck wurde 1251 vom Brixner Bischof Bruno gegründet, um die Herrschaft seines Bistums über das Pustertal zu festigen. Die Burg über der Stadt war der Sommersitz der Brixner Bischöfe. Der mittelalterliche Kern Brunecks besteht aus der zentralen Stadtgasse und vier erhaltenen Stadttoren. Schöne Bürgerhäuser reihen sich in einer urbanen Mischung aus Geschäften, Gaststätten, Büros und Wohnungen aneinander.

Sterzing, das ehemals römische *Castrum Vipitenum*, bekam im 13. Jh. das Stadtrecht und ist durch Handel und Bergbau wohlhabend geworden. Dadurch wurden auch Unternehmer aus dem süddeutschen Raum angezogen, unter ihnen die Fugger, deren Einfluss der Stadt die Bezeichnung „Fuggerstadt" verlieh. Die Altstadt durchzieht eine lange Straße, die von reichen Bürgerhäusern flankiert wird und heute eine beliebte Einkaufsmeile mit schönen Läden ist.

Ähnlich wie Sterzing ist das ab 1308 „Stadt" genannte Klausen durch Handel und Bergbau im Spätmittelalter zu Reichtum gelangt. Auch hier charakterisieren enge Gassen das mittelalterliche Stadtbild. In der zweiten Hälfte des 19. Jh. wurde das malerische Klausen durch eine Vielzahl besonderer Gäste zur sog. „Künstlerstadt".

Glurns ist ein Städtchen wie aus dem Bilderbuch: Nur rund 800 Einwohner zählt der sehr einheitlich wirkende Ort, der 1178 erstmals erwähnt und 1304 von Meinhard II. zur Stadt erhoben wurde. In seiner Blütezeit im 15. Jh. reihte sich Glurns der wirtschaftlichen Bedeutung nach an die siebte Stelle der Städte in der Grafschaft Tirol. Nach völliger Zerstörung 1499 im Engadiner Krieg wurde Glurns mit einer Stadtmauer versehen, die bis heute erhalten ist.

Bozen, Bindergasse

Kirche St. Veit

VON GLURNS ZUM TARTSCHER BÜHEL 3

Diese kurze Wanderung verbindet zwei Höhepunkte Südtirols: die einzige, vollständig erhaltene mittelalterliche Stadtbefestigung Südtirols um das noch ländlich wirkende Städtchen Glurns und die aus einer Urzeit stammende, geheimnisvoll anmutende Erhebung des Tartscher Bühels mit der lapidaren romanischen Architektur der Kirche St. Veit. Sie führt uns durch den reizvollen unteren Teil der Malser Heide.

Nach der Brandschatzung der Stadt 1499 durch die Schweizer Eidgenossen erhielt Glurns seine heutige Form. Durch die bis 1580 errichtete Stadtmauer führen drei mächtige Tore: das Malser und Schludernser Tor sowie das Tauferer Tor, auch „Kirchporten" genannt, weil durch dieses Tor die außerhalb gelegene Pfarrkirche St. Pankratius erreicht wird. Auffallend ist dort ein Fresko von 1496, das die Schrecken des jüngsten Gerichts darstellt: Eine fast prophetische Voraussage der Zerstörung der Stadt drei Jahre darauf. Pest, Brandkatastrophen und die Einnahme der Stadt 1799 durch die Franzosen haben das Ortsbild immer wieder verändert. Das Städtchen zählt heute vor allem wegen seines romantischen Gesamteindrucks zu

Glurns, Blick zum Malser Tor

den Haupt-Sehenswürdigkeiten Südtirols. Eine umsichtige Stadtrestaurierung hat Glurns in den letzten Jahren in ein gepflegtes „Freilicht-Museum" einer mittelalterlichen Stadt verwandelt, wo sympathischerweise noch die Hühner gackern. Unser Weg zum Tartscher Bühel geht vom Malser Tor aus zur Brücke über den Punibach und gleich rechts über die Wiesen bis zum Bahndamm. Dann folgen wir dem Pfad nach links und gelangen unter der Bahn hindurch zum kurzen Aufstieg den Tartscher Bühel hinauf. Oben angekommen, lohnt es sich, der Kraft dieses magischen Ortes nachzuspüren und dabei den herrlichen Blick zum Ortler zu genießen. Zu Recht gilt dieser prähistorische Kulthügel mit der über tausend Jahre alten romanischen Kirche St. Veit als das Wahrzeichen des Vinschgaus. Wir nehmen die gleiche Strecke als Rückweg.

EINKEHR

Der **Gasthof Zum Grünen Baum** wurde kürzlich renoviert. In den Stuben des Obergeschosses gibt es einheimische Küche. Die Einrichtung des Restaurants und der zehn außergewöhnlich schönen Gästezimmer verbinden beispielhaft Alt und Neu, und eine Terrasse über den Dächern von Glurns verleitet zum Träumen. Glurns, Stadtplatz 7, kein Ruhetag, Tel. 0473 831206, www.gasthofgruener-baum.it

Der **Gasthof Zur Post** befindet sich seit 1775 in einem behäbigen Gebäude aus dem 16. Jh., das sensibel renoviert und erweitert wurde. Die holzgetäfelten Stuben sind urgemütlich, und Familie Karner kocht für die Gäste kräftige Südtiroler Küche. Bilder des in Glurns gebürtigen Zeichners Paul Flora schmücken die modern eingerichteten Zimmer. Glurns, Florastr. 15, kein Ruhetag, Tel. 0473 831208, www.hotel-post-glurns.com

Infos in Kürze

Stadtmauern und Tore helfen in Glurns bei der Orientierung. Der Wehrgang kann bestiegen werden und im Tauferer-Tor-Turm werden Ausstellungen gezeigt. Der Weg zum Tartscher Bühel ist für die ganze Familie geeignet.

ca. ¾ Stunde von Glurns bis zum Tartscher Bühel

Höhenunterschied: 170 m

P vor dem Malser Tor

Klausen mit Burg Branzoll

Das Künstlerstädtchen Klausen

Klausen hat schon immer künstlerische Geister inspiriert. Albrecht Dürer wählte den Blick auf das Städtchen mit dem Kloster Säben darüber als Hintergrund für seinen Kupferstich „Das große Glück". 1867 glaubte der Literaturwissenschaftler Ignaz Vinzenz Zingerle, im Innervogelweiderhof des Lajener Rieds die Heimat des Minnesängers Walther von der Vogelweide entdeckt zu haben. Das führte zu einer regelrechten „Walther-Euphorie" und zur Errichtung des Walther-Denkmals 1889 in Bozen. Zingerle versammelte in der „Walther-Akademie" auf seinem Schloss Summersberg in Gufidaun eine Runde erlauchter Geister. Im Walthersaal des damaligen Gasthof Lampl im nahe gelegenen Klausen wurde bei vielen „Walther-Veranstaltungen" gefeiert, gesungen, gezecht und gedichtet. Das lockte Gäste an: Ende des 19. Jh. kamen hunderte von Künstlern nach Klausen – darunter Spitzweg, Defregger, von Thiersch und Wallot. Sie trafen auf einheimische Künstler wie die Bildhauer Rabensteiner und Piffrader. Der Maler Ernst Loesch aus Nürnberg verbrachte über Jahrzehnte einen Teil des Jahres in Klausen. Dabei entstanden die 1921 veröffentlichten Geschichten „Verschwundene Gestalten" und „Aus sonnigen Tagen im Eisacktal", die zusammen mit seinen Zeichnungen und Gemälden ein Klausen darstellen, das so nicht mehr besteht. Aber auch heute noch erschließt sich Besuchern die Harmonie der Landschaft mit Felsen, Wiesen und Weinterrassen, Burgen, Ansitzen und Höfen um die enge Altstadt, die sich ihren idyllischen Charakter als ehemaliges „Künstlerstädtchen" bewahrt hat.

ZUM BURGBERG VON BRUNECK 33

Schloss Bruneck

Wir schlagen einen gemächlichen Spaziergang auf den Spuren des Mittelalters durch Bruneck, den Hauptort des Pustertals, vor. Hier lassen sich Altstadt, Stadttore, Kirchen und Schloss Bruneck zu einer kulturhistorisch interessanten Route durch das quicklebendige Städtchen verbinden. Die Lebensstationen des Malers und Bildschnitzers Michael Pacher sowie des Dichters und Querdenkers N. C. Kaser sind eng mit der Stadt verknüpft.

Bei der Ankunft in Bruneck zeigt sich der Gegensatz zwischen Alt und Modern gleich beim Ausgang aus der Garage unter dem neuen Rathaus mit seiner beachtenswerten Architektur. Vor uns breitet sich der halbkreisförmige Stadtplatz aus und südlich davon der Graben mit den Altstadthäusern, deren Bars und Cafés zum Verweilen einladen. Obwohl das Zentrum von Bruneck sich zur durchgehenden Stadtgasse mit den zahlreichen Geschäften orientiert, gehören dazu noch die parallel verlaufenden Raingasse und Hintergasse. Das Michael-Pacher-Haus am Kapuzinerplatz und die Pacherstraße erinnern an den bedeutenden Künstler des 15. Jh., der in Bruneck sein Atelier hatte. Von den alten Befestigungsmauern Brunecks sind alle vier Tore erhalten: das Ursulinentor im Westen, das Floriani- und das Rienztor sowie das Oberragentor am östlichen Ende der

Stadtgasse. Nach der Besichtigung der gotischen Ursulinenkirche (Anfang des 15. Jh.) mit dem kostbaren Marientod-Relief schlendern wir die Stadtgasse entlang und erreichen durch das Oberragentor die Oberstadt. Über den Schlossweg steigen wir hinauf zum die Stadt überragenden Schloss Bruneck. Um 1250 erbaut und im 16. Jh. erneuert, war das Schloss mit Fürstenzimmern und malerischem Innenhof lange der Sommersitz der Diözesanbischöfe. Heute ist es Bühne für Freilichtspiele und Sitz einer Künstlerakademie. Die Einrichtung des fünften Messner Mountain Museums über die Bergvölker ist hier geplant. Der Rückweg führt über einen steilen Pfad zur Kirche St. Katharina in der Raingasse wieder hinab in die Stadt.

EINKEHR

Dass sich moderne maßstäbliche Architektur gut mit alten Bauten vertragen kann, beweist das Haus der **Enothek Bernardi** an der Rienz, gegenüber dem Tor zur Stadtgasse. Bei schönem Wetter auf der Terrasse am Fluss, sonst im lichten Innenraum mit Bar oder im Speckkeller (eigene Speckherstellung!) werden bester Wein und kleine Speisen serviert. Bruneck, Stuckstr. 6, So Ruhetag, Tel. 0474 411176

Wer nahe von Bruneck in charmanter Begleitung gepflegt essen möchte, der scheut auch ein halbes Stündchen Autofahrt Richtung Percha nicht. Denn der einsam liegende, romantische **Gasthof Oberraut** verwöhnt die Gäste mit bester Küche und ausgezeichneten Weinen in zwei gemütlichen kleinen Stuben oder mit prachtvoller Aussicht von der Terrasse. Reservieren! Bruneck, Amaten 1, Do Ruhetag, Tel. 0474 559977

Bruneck, Turnhalle von 1913 und neues Rathaus

Das mittelalterliche Meran

Meran ist uraltes Siedlungsgebiet, wie Funde prähistorischer Wallburgen beweisen. Später bauten die Römer ihr *Castrum Maiense* als Militärlager zum Schutz der *Via Claudia Augusta*. Als die Grafen von Tirol die Vorherrschaft im Lande übernahmen, wurde Meran Landeshauptstadt. Meinhard II. ließ die Stadt mit der großen Pfarrkirche und der 400 m langen Laubengasse zum Handelszentrum ausbauen. Mauern und Türme umzogen die Stadt. Die Adelsfamilien Tirols errichteten zahlreiche repräsentative Ansitze im benachbarten Ober- und Untermais, heute Stadtteile von Meran. Reisenden bot sich damals der Eindruck einer politisch für das deutsche Kaiserreich wichtigen Grafschaft, denn der Weg zur Kaiserkrone in Rom führte durch Tirol. Reichtum und Wohlstand kamen neben den Zolleinnahmen und eigener Münzstätte auch von den Bergwerken bei Sterzing und Klausen. Nach der Übernahme der Grafschaft Tirol durch das Haus Habsburg wurde 1420 Tirols Hauptstadt nach Innsbruck verlegt, und 1477 die Münzprägung nach Hall. Meran verlor an Bedeutung, bis es ab 1836 zur Kurstadt aufstieg, in die der Hochadel ganz Europas reiste. An diese glanzvolle Zeit vor 1914 erinnern noch das Jugendstil-Kurhaus, die Promenaden und die Wandelhalle. Zeugen der früheren Hauptstadt Tirols sind die mittelalterlichen Laubengassen, die gotische Stadtpfarrkirche St. Nikolaus und die Barbarakapelle, das Passeiertor mit Resten der Stadtmauer und das Steinachviertel, das ursprünglich Merans ältester Stadtkern war.

Meran, Vinschger Tor

Infos in Kürze

⌛ für eine gemütliche Stadtbesichtigung ist mit etwa 1 Stunde zu rechnen – je nach Aufenthalt bei den Sehenswürdigkeiten muss man mehr Zeit einplanen.

Höhenunterschied: ca. 40 m

P unter dem Rathaus

🚌 Zugverbindung nach Bruneck, www.sii.bz.it

Sterzing, Neustadt

DURCH DIE ALTSTADT VON STERZING 29

Sterzing ist ein sehr gut erhaltenes, mittelalterliches Städtchen das seinesgleichen sucht! Die Altstadt mit der eindrucksvollen und geschäftigen Hauptstraße, den Kirchen, Türmen, prächtigen Bürgerhäusern, Läden und gemütlichen Gasthöfen ist einen längeren Besuch wert. Die schon im Mittelalter durch Zoll und Bergbau wohlhabend gewordene Stadt ist reich an Kunstschätzen und bedeutender Architektur.

Der schlanke Zwölferturm in der Stadtmitte ist weithin sichtbar. 1472 fertiggestellt, teilt er die Altstadt an der Hauptachse in zwei Teile. Die südliche „Neustadt" entstand nach einem verheerenden Brand von 1443. Sehenswert sind hier der Brunnen mit Nepomuk-Statue und das Rathaus mit seiner historischen Inneneinrichtung und dem Mithrasstein im Innenhof. Um das Zusammenspiel der stattlichen Fassaden, der bunten Wirtshausschilder und Erker mit dem lebhaften Treiben zu genießen, bietet sich eine Rast in einem der Straßencafés an. Hinter dem Zwölferturm liegt der weite Stadtplatz mit der von außen schlicht anmutenden Hl.-Geist-Spitalkirche, die innen aber bedeutende spätgotische Fresken enthält. Danach kommen wir an der gut eingepassten, modernen Fassade der Buchhandlung Athesia vorbei zum historischen Gasthof Krone mit seiner schönen Renaissancestube. Schräg gegenüber das nördlichste Altstadthaus, die „Färbe", bis ins 13. Jh. das älteste Spital der Stadt. Auf dem Rückweg werfen wir noch einen Blick in die St.-Margarethen-Kirche und auf den benachbarten, vorbildlich renovierten Edelsitz Jöchlsthurn (nicht öffentlich zugänglich). Auf der von der Neustadt abzweigenden Hochstraße kommen wir am Ansitz Wildenburg mit seinem schönen Renaissanceportal vorbei, bis wir die außerhalb gelegene, spätgotische Pfarrkirche Unsere Liebe Frau im Moos und das Deutschordenshaus erreichen, in dem das Stadtmuseum Sterzing untergebracht ist. Hier bilden die überkommenen Teile des Multscher-Altars den krönenden Abschluss unseres Stadtrundgangs.

Wirtshausschild der „Lilie" in Sterzing

Infos in Kürze

Der Spaziergang durch Sterzing dauert etwa 1 Stunde. Für das Stadtmuseum mit dem Multscher Altar (Info S. 71) genügend Zeit vorsehen.

Die Hauptstraße ist Fußgängerzone.

P Südlich der Neustadt mit Bushaltestellen.

Vom Bahnhof in wenigen Minuten zur Altstadt.

EINKEHR

Das Gourmetrestaurant **Kleine Flamme** gilt als das beste Restaurant in Sterzing und weit darüber hinaus. Burkhard Bacher bereitet hier immer neue Geschmackserlebnisse als wahre Köstlichkeiten zu, die von seiner Frau mit Charme und Umsicht serviert werden. Eine Topadresse für Genießer! Sterzing, Neustadt 31, So und Mo Ruhetag, Tel. 0472 766065

Am Stadtplatz liegt der historische **Gasthof Schwarzer Adler**. Familie Mühlsteiger bemüht sich in den schönen Stuben im ersten Stock um ihre Gäste mit mehrgängigen Menüs der Traditionsküche, die selbst zusammengestellt werden können. Die Zimmer sind gemütlich und nach Umbauten mit allem Komfort versehen. Sterzing, Stadtplatz 1, nur abends geöffnet, So Ruhetag, Tel. 0472 764064, www.schwarzeradler.it

Laubengänge in den alten Handelsstädten

Von Neumarkt im Südtiroler Unterland über Bozen nach Meran und Glurns sowie nach Norden über Klausen, Brixen, Sterzing, weiter durch die Städte des Inntales und an der Salzstraße von Salzach bis nach Görlitz und Böhmen zieht sich entlang der alten Handelsstraßen eine ähnliche Architektur von Stadthäusern. Wenn es die Breite des Straßenraumes erlaubte, erhielten die Häuser an der Hauptstraße sogenannte Lauben, offene Gewölbegänge vor der im Erdgeschoss zurückgesetzten Fassade. Diese Arkaden schützten beim Abladen der Waren vor der Witterung. Die Lager waren ebenerdig untergebracht und die Handelskontore und Empfangsräume befanden sich im ersten Obergeschoss. Darüber und dahinter wohnten die Großfamilien mit Gesinde, die reichlich Räume benötigten. Enge Höfe sorgten für ein Minimum an Licht und Luft für die innen liegenden Zimmer, die vielfach über offene Treppenhäuser und Galerien in den einzelnen Geschossen erreicht wurden. An die Rückseite waren meist noch Hausgärten zur Selbstversorgung angeschlossen. Gemessen an der Tiefe der Bauwerke wirken die begehrten Fronten zur Straße vergleichsweise schmal. Heute noch bieten die Lauben Schutz vor Wind, Regen und Sonne für die Schaufenster, die Ladeninhaber, die flanierenden Kunden und all jene, die sich darunter an den zahlreichen Kaffeehaustischen gern zu einem Plausch einfinden. Diese geschützten Straßenräume sind ideal, um das städtische Treiben ohne Hast zu beobachten und die besondere urbane Stimmung in diesen alten Städten zu genießen.

Neumarkt, Laubengänge

NÜTZLICHE ADRESSEN MIT ÖFFNUNGSZEITEN

Ansitz Jöchlsthurn
Frundsbergstraße
39049 Sterzing

Hl.-Geist-Spitalkirche
Stadtplatz
39049 Sterzing
Mo–Fr 8.30–12, 14.30–18 Uhr,
Sa 8.30–12 Uhr

MeranCard
Vorteilskarte mit Rabatten/freiem Eintritt für Museen, Bahn, Seilbahnen für 3 oder 7 Tage
Info: Ferienregion Meraner Land, 39012 Meran, Gampenstr. 95, Tel. 0473 200443, www.meranerland.com

Rathaus Sterzing
Neustadt 21
39049 Sterzing
Mo–Fr 8–12.30, 17–18 Uhr
Innenhof mit Mithrasstein Mo–Sa 8–18 Uhr

Schloss Bruneck
Info TV Bruneck, Tel. 0474 555722

Stadtmuseum Sterzing mit Multscher-Museum
Deutschhausstr. 11
39049 Sterzing
Tel. 0472 766464
Apr.–Okt. Di–Sa 9.30–12.30, 14–18 Uhr

Tartscher Bühel / St.-Veit-Kirche
Führungen mit Voranmeldung im TV Mals am Vortag: Tel. 0473 831190
Apr.–Sept. Di 15 Uhr

Tauferer-Tor-Turm
Florastraße
39020 Glurns
Wechselausstellungen: Juni–Okt. 11–17 Uhr

TV Bruneck
Rathausplatz 7
39031 Bruneck
Tel. 0474 555722, Fax 0474 555544
info@bruneck.com
www.bruneck.com

Sterzing, Neustadt

TV Klausen
Tinneplatz 6
39043 Klausen
Tel. 0472 847424, Fax 0472 847244
info@klausen.it
www.klausen.it

Kurverwaltung Meran
Freiheitsstraße 45
39012 Meran
Tel. 0473 272000, Fax 0473 235524
info@meraninfo.it
www.meraninfo.it

Ferienregion Obervinschgau
St.-Benedikt-Str. 1
39024 Mals
Tel. 0473 831190, Fax 0473 831901
info@mals.is.it
www.ferienregion-obervinschgau.it

TV Sterzing
Stadtplatz 3
39049 Sterzing
Tel. 0472 765325, Fax 0472 765441
info@sterzing.com
www.sterzing.com
Hier gibt es auch die TourCard: www.tourcard.it

Im Pfossental

LEBEN IM EXTREM

Menschen auf entlegenen Südtiroler Bergbauernhöfen, die in früheren Zeiten besonders im Winter teilweise völlig von der Außenwelt abgeschlossen waren, könnten von ihrem Leben im Extrem einiges berichten. Diese Zeit reicht gerade mal zwei Generationen zurück. Die Bewohner konnten sich hoch droben, einsam, fern von dörflicher oder städtischer Zivilisation und in herrlicher Landschaft wie die Könige fühlen – wenn es gut ging. Sie waren Selbstversorger. Wenn aber der Mangel an Geld, Gesundheitsfürsorge oder notwendigem Material spürbar wurde, dann wurde es ein Dasein an der Grenze zur Not für die meist auch noch kinderreichen Familien. Der Weg zur Schule oder Kirche war weit und bei starkem Schneefall unmöglich. Wenn ein Familienmitglied mitten im strengen Winter starb, konnte es vorkommen, dass der Leichnam bis zum Begräbnis im Frühjahr im Schnee konserviert werden musste. Wer nach dem Zweiten Weltkrieg in Hilfsorganisationen wie z. B. der „Stillen Hilfe Südtirol" mitgearbeitet hatte, erinnert sich noch gut an die Armut und das harte Leben manch kinderreicher Bergbauernfamilien, die für jedes bereits getragene Kleidungsstück dankbar waren. Mit dem wachsenden Wohlstand der Nachkriegszeit, der vor allem mit dem Tourismus einherging, suchten sich die jungen Bergbauern oft eine Arbeit unten im Tal, während auf den Höfen die ältere Generation zurück blieb. So mussten nach und nach viele Höfe aufgegeben werden. Ein Umschwung stellte sich erst ein, als auch entlegene Bergbauernhöfe, Wälder und Almen – die sonst nicht mehr zu bewirtschaften gewesen wären – durch Fahrstraßen erschlossen wurden.

Heuernte bei St. Gertraud im Ultental

Die landwirtschaftliche Nutzung hochgelegener Wiesen- und Waldflächen trägt dazu bei, dass die Kulturlandschaft der Alpen erhalten bleibt, nicht verwildert oder gar der Erosion anheim fällt. Nach wie vor ist die Viehwirtschaft auf den hochgelegenen Almen ein wichtiger Faktor bäuerlicher Tätigkeit. Aber auch der Tourismus profitiert davon. Bergwanderer finden in kaum einer anderen Alpenregion so viele gut bezeichnete und gepflegte Wanderwege und Bergpfade wie in Südtirol. Die Versorgung der Alm- und Schutzhütten erfolgt heute auch in ausgesprochen hohen Lagen nur noch in Extremfällen mit dem Rucksack oder einfachen Materialseilbahnen. Durch befahrbare Forst- und Almwege können nun entlegene Bergbauernhöfe ganzjährig bewirtschaftet, Butter und Käse hergestellt oder Gäste aufgenommen werden. Das entbehrungsreiche Dasein ist Vergangenheit, auch wenn damit bisweilen einige Eingriffe in die Natur verbunden sind. Das extreme Leben im Alpenraum, das über Jahrhunderte bis fast in unsere Zeit bestand, wurde in den 70er Jahren vom Trentiner Journalisten Aldo Gorfer dokumentiert. In seinem Buch „Die Erben der Einsamkeit" mit Fotografien von Flavio Faganello porträtierte er die Bergbauern abgelegener Höfe Südtirols. So ging ihre Lebensweise und ihr Umgang mit dieser besonderen Art von Freiheit nicht ganz verloren. 2003 bereiste Gorfer dieselben Höfe noch einmal und hielt die Veränderungen unserer Zeit in der Neuauflage seines Buches fest. Wer Lust verspürt, selbst einmal auf einem Bergbauernhof zu arbeiten, um Eindrücke dieses Lebens zu sammeln, der kann sich als freiwilliger Helfer bei der Südtiroler Bergbauernhilfe (Info S. 83) melden.

Muthöfe mit Blick auf Meran

ZU DEN MUTHÖFEN 8

Diese abwechslungsreiche Wanderung führt uns die extremen Maßstäbe bäuerlichen Lebens auf den Berghöfen deutlich vor Augen. Beim Anblick der Muthöfe und ihrer Steillage hoch über Dorf Tirol scheint das Wort „Mut“ angebracht. Touristen brauchen etwas Schwindelfreiheit in der Seilbahn und besondere Vorsicht an einigen Stellen des Meraner Höhenwegs, dafür gibt es ein großartiges Panorama als Belohnung.

Etwas nördlich von Dorf Tirol befindet sich die Talstation der Seilbahn auf das Berggasthaus Hochmuth (1362 m), das zusätzlich noch durch eine Materialseilbahn beliefert wird – so groß ist dort oben oft der Andrang und somit der Bedarf an gastronomischem Nachschub. Es wird aber gleich ruhiger, wenn wir uns auf den Meraner Höhenweg begeben, der in diesem Abschnitt Hans-Frieden-Felsenweg genannt wird, und am Gasthof Steinegg vorbei in Richtung Leiteralm auf dem Weg Nr. 24 weiterwandern. Dieses Teilstück des Meraner Höhenweges bietet einen unvergleichlichen Blick ins Meraner Becken und auf die umliegenden Berge, ist sehr ausgesetzt und teilweise gesichert, aber breit genug auch für nicht schwindelfreie Wanderer.

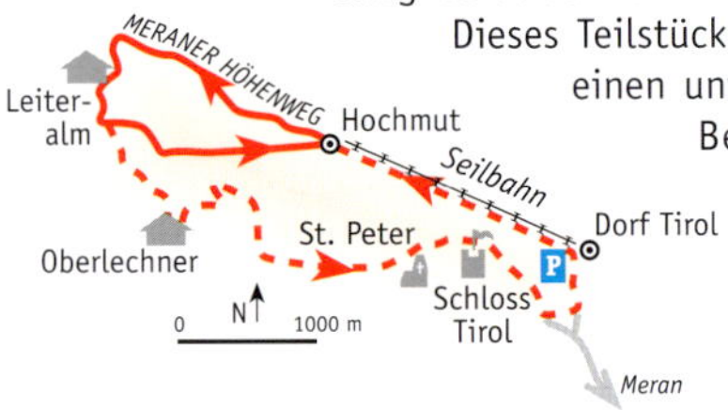

In etwa 1½ Stunden erreichen wir die hübsch unter dem steil aufragenden Mutspitz gelegene Leiteralm (1525 m), eine gute Jausenstation. Von dort haben wir zwei Möglichkeiten für den Rückweg: die erste führt zunächst über den Weg Nr. 25 und dann Nr. 22, dem Vellauer Felsenweg, in etwa 1½ Stunden leicht aufwärts und teilweise gesichert durch die Steilwände zurück zu den Muthöfen. Für den zweiten Weg gehen wir auf Steig Nr. 25 weiter an einzelnen Bauernhöfen vorbei und dann steil abwärts zum Gasthof Oberlechner (etwa 1 Std.). Von dort wechseln wir hinab zum Tiroler Höhenweg Nr. 26, über den wir zum idyllisch gelegenen Weiler St. Peter mit seinem hübschen und kürzlich gut renovierten Kirchlein mit bedeutenden Fresken kommen. Immer auf Weg Nr. 26 wandern wir an Erdpyramiden und am Schloss Tirol, dem Stammsitz der Grafen von Tirol, vorbei nach Dorf Tirol zurück.

Am Hans-Frieden-Felsenweg

Infos in Kürze

Die Wanderung ist nicht schwer, aber der Hans-Frieden-Felsenweg und der Vellauer Felsenweg erfordern Trittsicherheit.

Rundweg Muthöfe ca. 3 Stunden; ca. 4 Stunden über St. Peter nach Dorf Tirol

Höhenunterschied: im Aufstieg ca. 380 m bzw. 300 m (2. Variante), im Abstieg ca. 380 m bzw. 1070 m (2. Variante)

Sommer bis Frühherbst

P direkt an der Seilbahn (verkehrt halbstündlich Juli–Sept. von 7.30–19 Uhr, Tel. 0473 923480).

EINKEHR

Der **Gasthof Oberlechner** liegt auf einem schönen Aussichtsplatz von Vellau, gleich hinter der Kirche. Auf der sonnigen Terrasse kann man sich bei weitem Blick über das Etschtal hinüber zum Großen Ifinger vorzüglich von der guten Küche der Familie Gamper verwöhnen lassen. Am besten gleich über Nacht in einem der gemütlichen Zimmer bleiben! Vellau, Nr. 7, Feb.–Dez., Mi Ruhetag, Tel. 0473 448350

Nach der Besichtigung von Schloss Tirol lohnt sich eine Pause nebenan im **Gasthaus Schloss Tirol** mit traumhaftem Blick von der Terrasse unter schattigen Bäumen. In der angrenzenden Vogelpflegestation für Greifvögel gibt es auch Flugvorführungen! Dorf Tirol, Schlossweg 25, Ostern–Nov. u. Mitte Jan.–Mitte Feb. 7–19 Uhr, Mo Ruhetag, Tel. 0473 443125, www.gasthaus-schlosstirol.com

Heubäder als Jungbrunnen

Auf der Seiser Alm, einem der größten Almgebiete der Alpen, war die Heumahd früher ohne technische Hilfsmittel für die Bauern eine Schwerstarbeit. Ganze Familien stiegen mit Sensen, Rechen und Pferdefuhrwerken auf die Alm. Von der Morgendämmerung bis zum Einbruch der Dunkelheit wurde gemäht, eingeholt und nachts dann oft gleich im Heu geschlafen. So abgekämpft alle eingeschlafen waren, so taufrisch wachten sie wieder auf. Das brachte Anfang des 20. Jh. die Vorfahren des heutigen Hotel „Heubad" in Völs (Tel. 0471 725020, www.hotel-heubad.com) auf die Idee, unter der Betreuung des Gemeindearztes Dr. Josef Clara eine Heubadstation einzurichten. Die Gäste waren begeistert, und die Heubäder sind bis heute ein großer Erfolg. Der „Badreiber" bereitet dem Gast eine Heukuhle, hüllt ihn in ein Tuch ein und deckt ihn bis zum Hals mit Heu zu. Dann überlässt er ihn für etwa 20 Minuten dem Schwitzen. Der Puls erhöht sich deutlich, und der Gast darf anschließend in warme Decken gewickelt ruhen und nimmt zum Abschluss noch eine erfrischende Dusche. Durch das Schwitzen entschlackt das Heubad den Körper und vermittelt zusammen mit dem Duft der Gräser und Kräuter ein wohliges Körpergefühl. Doch nicht vergessen: danach viel trinken und auch etwas essen. Besonders gut wirken Heubäder bei Gelenkschmerzen und Rheuma, sie sind aber auch wohltuend für einen gesunden Organismus. Eine ursprüngliche Heubadtradition pflegt noch das Vigiler Heubadl am Verleierhof bei Seis (20. Juni–20. Sept., Tel. 0471 707143, www.heubadl-verleierhof.com).

DER HÖFEWEG VON ST. MARTIN IM KOFEL 5

Diese ausgedehnte Panorama-Wanderung auf dem aussichtsreichen Vinschgauer Sonnenberg ist etwas für trittsichere Geher! Schwindelfreiheit ist streckenweise aufgrund der Steilheit des Geländes erforderlich. Der eindrucksvolle Weg mit noch bewirtschafteten, aber auch bereits verlassenen Höfen führt uns vor Augen, dass für so manchen Bewohner die hohe Steillage physische Grenzen setzt.

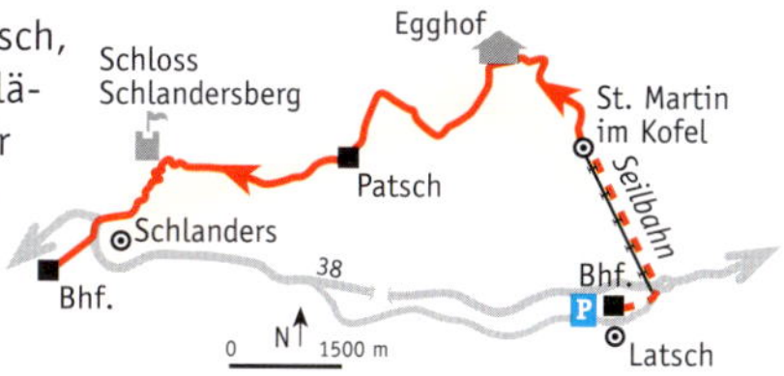

Am östlichen Ortseingang von Latsch, kurz vor dem markanten, grün-gläsernen Bürobau Rizzi, nehmen wir die Kabinenbahn nach St. Martin im Kofel und treffen oben gleich auf zwei Beispiele bemerkenswerter moderner Architektur: Die Bergstation der Seilbahn (Arch. Gapp) und das Rizzi-Turm-Chalet (Arch. Tscholl. Zu mieten: www.turm-chalet.com). Der runde Wohnturm aus Trockenmauerwerk mit Glasfassade fängt das unglaubliche Panorama hier oben ein. Aber auch die in den Hang gebaute Wallfahrtskapelle mit der Statue des hl. Martin ist sehenswert. Das Höhlenheiligtum, um das herum im 16. Jh. die Kapelle errichtet wurde, ist vermutlich vorchristlich. Von der Bergstation wandern wir auf der Straße,

St. Martin im Kofel, Seilbahnbergstation

Wallfahrtskirche St. Martin und Rizzi-Turm-Chalet (r.)

Markierung 14, zu einigen Höfen, die hier am steilen Sonnenhang gebaut wurden. Der Egghof (1677 m), mit großer Aussichtsterrasse, bildet für eine längere Strecke die einzige Jausenstation. Der nächste Hof ist Forra – in extremer Lage, wie sie kaum noch ein Hof aufweisen kann. Fast ein Wunder, dass er wieder bewirtschaftet wird. Wir wandern an den beiden verfallenen Höfen Laggar und Zuckbühel auf teilweise ausgesetztem Wiesenweg weiter bis zur schwindelerregenden Querung des Fallerbaches. Damit sind die schwierigen Wegstrecken überwunden, wir erreichen den nur noch als Sommerhaus verwendeten Hof Patsch, und schließlich endet unser Weg Nr. 14 an einer Güterstraße beim Hof Tappein. Von dort wandern wir steil abwärts zur Burg Schlandersberg (privat) mit der Jausenstation Fisolgut. Auf steilem, teilweise gesichertem Steig kommen wir nach Schlanders. Für die Rückfahrt nach Latsch nehmen wir die Vinschgerbahn.

Infos in Kürze

Die Wanderung ist nur trittsicheren und ausdauernden Wanderern zu empfehlen.

etwa 3½ Stunden

Höhenunterschied: abwärts ca. 1000 m!

Frühjahr oder Herbst

P an der Seilbahn in Latsch

EINKEHR

Der **Egghof** liegt zwar noch ziemlich am Anfang des Höfeweges, ist aber doch schon so weit entfernt, dass die freundliche Gastlichkeit in der Jausenstation von Familie Gruber eine Einkehr lohnt. Eine rustikale Küche mit Lammbraten und anderen herzhaften Genüssen erwartet die Gäste. Latsch, St. Martin im Kofel 19, Ostern–Nov., kein Ruhetag, Tel. 0473 623628

Die Jausenstation **Fisolgut** liegt am Ende des Höfeweges. Sie ist, wie das benachbarte Schloss Schlandersberg, auch von Vetzan aus über eine kleine Fahrstraße erreichbar. Familie Gufler serviert in der Stube und im Garten bäuerliche Gerichte, die zumeist aus hofeigenen Produkten hergestellt werden. Schlanders, Schlandersberg 32, ganzjährig geöffnet, kein Ruhetag, Tel. 0473 621176

Charakteristischer Weiler bei St. Leonhard im Abteital

Die Viles im Gadertal

Den deutschsprachigen, bäuerlichen Tiroler Raum kennzeichnen isoliert liegende Ein- oder Paarhöfe. Im ladinischsprachigen Teil hingegen gibt es noch Weiler mit gleich mehreren dicht beieinander liegenden Paarhöfen. Diese sogenannten Viles sind besonders für das Gadertal kennzeichnend: Der Backofen und der Brunnen befinden sich als Gemeinschaftseinrichtungen in der Mitte, drum herum drängen sich eng die Häuser mit schmalen Durchgängen, dazwischen Bänke für den kleinen Plausch am Nachmittag. Die Bauten ruhen im unteren Teil auf einem Steinsockel, darüber befindet sich eine Holzkonstruktion, aus der ein Söller weit überkragt – mancherorts mit einem Gestänge, auf dem die Ernte nachreifen kann. Die Holzflächen sind oft mit Schnitzereien versehen, die Fensterlaibungen bisweilen mit Grafitti dekoriert und auf den verputzten Steinwänden finden sich freskenähnliche Malereien mit Heiligen, meist die Gottesmutter mit Kind. Die Wirtschaftsräume im gemauerten Keller sind von vorne zugänglich, vom Hang aus führt eine Brücke in den hölzernen Heuboden. Meist rundet eine Kapelle das idyllische Bild ab, und in den Wiesen ringsum stehen noch die Harpfen, große Holzgestelle, auf denen das Heu oder die Saubohnen getrocknet werden. Ein schöner Rundweg zu den Viles im Gadertal führt von Wengen nach Cians, Ciampei, Runch und Tolpei – ein wirkliches Erlebnis für volkskundlich Interessierte. Die Wanderung durch die Viles dauert ca. 2½ Stunden, Weg Nr. 4, Höhenunterschied: 150 m.

VON ASCHBACH ÜBERS VIGILJOCH 7

Während der heißen Sommertage, wenn die Wanderungen am steilen Sonnenberg des Vinschgaus schweißtreibend werden, bietet sich der gegenüberliegende Nörderberg mit seinen kühlen und schattigen Wäldern dafür an. Auch dort, und auf dem Wandergebiet über die weiten Wiesenflächen des Vigiljochs, können wir nachvollziehen, wie einsam und entbehrungsreich früher die Sommer auf der Alm gewesen sein müssen.

Mit der Seilbahn schweben wir bequem von Rabland hinauf nach Aschbach. Dort lohnt sich ein kurzer Abstecher zum 1695 erbauten Kirchlein Maria im Schnee, in großartiger Aussichtsposition. Und noch eine zweite Kirche wollen wir aufsuchen. Dazu wandern wir zunächst auf Weg 28A zur Schwarzen Lacke, wo wir im Gasthof Seespitz eine Pause einlegen können. Dann beginnt von hier unsere ausgedehnte Almwanderung, die auf Weg Nr. 9 westwärts stets auf einer Höhe von ca. 1800 m verläuft. Wir erreichen nach etwa 20 Minuten das Vigiljoch, wo neben dem Gasthaus Jocher die schon 1452 erwähnte und mit bedeutenden Fresken ausgestattete Kapelle St. Vigil steht. Weg Nr. 9 führt uns anfänglich noch auf dem Almfahrweg mäßig ansteigend durch lichten Lärchen- und Zirbenwald unterhalb des Rauhen Bühels entlang mit weitem Blick ins Etschtal. Bei einer kleinen Lacke nehmen wir den Steig Nr. 9b rechts hinüber zur Naturnser Alm (1910 m, Jausenstation). Von dort blicken wir nun weit hinein in den Vinschgau.

Aschbach

Blick von Aschbach auf den unteren Vinschgau

Durch den oberen Teil des Naturnser Waldes verläuft dann der Almenweg leicht abfallend zur Zetnalm (1747 m) und, wieder etwas ansteigend, zur Mauslochalm (1837 m). Beide Almen sind Jausenstationen. Nun folgt die eigentliche Herausforderung des Tages: der Abstieg nach Naturns über 1300 Höhenmeter. Dabei kommen wir zum Gasthof Platzgumm, gut geeignet zur Rast auf halber Strecke des Abstiegs. Wir passieren noch die Mühlen des Kellerbachs und gelangen schließlich zum Bahnhof Naturns, wo wir die Vinschgerbahn nach Rabland zurück nehmen.

EINKEHR

Die **Naturnser Alm** auf 1922 m ist nicht nur ein Ziel von Wanderern, sondern auch bei Mountainbikern sehr beliebt. Diese können sich hier nach einer 45 km langen, aber technisch einfachen Tour mit 1400 m Aufstieg von Naturns bei kräftiger Marende stärken, bevor es über Aschbach ins Tal hinunter geht. Naturnser Alm, Juni–Okt., kein Ruhetag, Tel. 339 3901634

Auf dem Vigiljoch, am Beginn unseres Almenwanderweges, liegt das **Restaurant Seespitz**. In der alten Stube oder im Garten mit schöner Aussicht serviert Familie Platter ganz bodenständig Knödel und andere Köstlichkeiten der Südtiroler Küche. Eine gute Stärkung für den bevorstehenden langen Weg. Vigiljoch 13, ganzjährig geöffnet, kein Ruhetag, Tel. 0473 562955

Infos in Kürze

Kurzbeschreibung: Die Wanderung ist ohne Schwierigkeiten, verlangt aber einiges an Ausdauer.
ca. 7 Stunden
Höhenunterschied: 850 Höhenmeter im Aufstieg und ca. 1700 Höhenmeter im Abstieg.

Sommer
P bei der Seilbahn in Rabland
In Rabland hält die Vinschgerbahn direkt an der Seilbahn nach Aschbach.

Im Ultental

Das Ultental

Die Straße von Lana bis zum Weißbrunnsee misst nur 35 km, aber sie erschließt dabei das Ultental mit seinen „heiligen" Orten: St. Pankraz, St. Walburg, St. Nikolaus und St. Gertraud. Diese Schutzpatrone bilden zusammen einen christlichen Schutzwall gegen die wilden, dem Menschen feindlichen Naturgeister. Menschen können allerdings die Naturgeister übertreffen, wenn es darum geht, die Landschaft zu verändern. So wurden im Ultental ab den 60er Jahren ohne Rücksicht auf das idyllische Tal gleich mehrere Stauseen zur Energiegewinnung angelegt. Im Zoggler Stausee, dem größten, ist ein Teil der Bauernhöfe aus dem 13. Jh. versunken. Die übrigen Höfe des Ultentals – auch von diesen stammen einige noch aus dem Mittelalter – sind meist Paarhöfe mit einem unteren Steinsockel für den Stall oder Keller und zwei bis drei aufgesetzten Holzstockwerken. Die teilweise durch leichte Holzwände abgeschirmten, offenen Veranden schützen das Erntegut, das dort nachreifen oder trocknen kann. In der Viehwirtschaft dominiert die Schafzucht. Ob Wolle, Filzprodukte, Schafkäse oder Lammwochen – Einheimische und Gäste haben hier die Wahl. Wer von einem der schönen und gepflegten Wanderwege, die bis in den Nationalpark Stilfser Joch reichen, zurückkommt, der sollte sich im Eggwirt, St. Walburg (Di Ruhetag; in der Wintersaison nur Abends, ausgenommen So, Tel. 0473 795319, www.eggwirt.it), in die wunderschöne Bauernstube aus dem Jahr 1600 setzen und die Atmosphäre traditioneller Gastlichkeit auf sich wirken lassen, die so typisch für das alte Südtirol ist.

NÜTZLICHE ADRESSEN MIT ÖFFNUNGSZEITEN

Naturparkhaus Texelgruppe
Feldgasse 3
39025 Naturns
Tel. 0473 668201
www.naturparke.com
Ostern–Ende Okt. Di–Sa 9.30–12.30 u. 14.30–18 Uhr
Juli, Aug. u. Sept. auch So

Schloss Tirol – Südtiroler Museum für Kultur- und Landesgeschichte
Schlossweg 24
39019 Dorf Tirol
Tel. 0473 220221
www.schloss-tirol.it
Mitte März–Ende Nov. Di–So 10–17 Uhr (Aug. bis 18 Uhr)

Seilbahn Aschbach
Tel. 0473 967198
Apr.–Sept. stündlich

Seilbahn Hochmuth
Tel. 0473 923480
www.seilbahn-hochmuth.it
im Sommer halbstündlich

Seilbahn St. Martin im Kofel
Tel. 0473 622212, fährt stündlich

Südtiroler Bergbauernhilfe
Schlachthofstraße 4/D
39100 Bozen
Tel. 0471 999309
www.bergbauernhilfe.it

TV Abtei/Gadertal
Colz-Str. 75
39030 La Villa
Tel. 0471 847037, Fax 0471 847277
lavilla@altabadia.org
www.altabadia.org

TV Dorf Tirol
Hauptstr. 31
39019 Dorf Tirol
Tel. 0473 923314, Fax 0473 923012
info@dorf-tirol.it
www.dorf-tirol.it

TV Latsch
Hauptstr. 38a
39021 Latsch
Tel. 0473 623109, Fax 0473 622042
info@latsch.it
www.latsch.suedtirol.com

TV Naturns
Rathausplatz 1
39025 Naturns
Tel. 0473 666077, Fax 0473 666369
info@naturns.it
www.naturns.it

TV Partschins-Rabland
Spaureggstr. 10
39020 Partschins
Tel. 0473 967157, Fax 0473 967798
info@partschins.com
www.partschins.com

TV Schlanders
Göflaner Str. 27
39028 Schlanders
Tel. 0473 730155, Fax 0473 621615
info@schlanders-laas.it
www.schlanders-laas.it

TV Seis
Schlernstr. 16
39040 Seis am Schlern
Tel. 0471 707024, Fax 0471 706600
info@seis.it
www.seis.it

TV Ultental-Deutschnonsberg
St. Walburg 154
39016 St. Walburg/Ulten
Tel. 0473 795387, Fax 0473 795049
info@ultental.it
www.ultental.it

Vinschger Bahn
www.vinschgerbahn.it

SPRACHLICHE VIELFALT

Südtirols Dreisprachigkeit steht am Ende einer wechselvollen Geschichte. Die fast 488.000 Einwohner sprechen deutsch, italienisch oder ladinisch. Die Amtssprachen der Autonomen Provinz Bozen – Südtirol sind Deutsch und Italienisch, und zum Schutz des Ladinischen gibt es Sonderregelungen. Doch bis zu diesem Stand der Dinge war es ein langer Weg. Besiedelt wurde der heutige Bereich von Südtirol vor rund 7000 Jahren. Ötzi, der Mann aus dem Eis, starb 3300 v. Chr. Ab 500 v. Chr. begannen keltische Einwanderer sich mit den ansässigen Illyrern zu mischen. Es gibt zwar Schriftzeichen dieser Völker, aber wir wissen nicht, wie sie gesprochen haben. Als 15 v. Chr. der römische Feldherr Drusus den Raum des heutigen Trentino-Südtirol eroberte, mischte sich die Sprache der Soldaten mit jener der Bewohner. Es formte sich eine Umgangssprache aus dem Volkslatein und vorrömisch-rätischen Elementen. Mit dem Ende des römischen Reiches setzte der germanische Einfluss ein, und Teile der Bevölkerung zogen sich in die weniger zugänglichen Alpentäler zurück, wo sie ihre Sprachen im Ladinischen, Surselva, Friulan und Bündnerromanisch bewahrten. Mit der Herrschaft der Franken begann die endgültige Orientierung Südtirols zum deutschen Sprachraum, die unter den Grafen von Tirol und später unter der Herrschaft der Habsburger bis 1918 dauerte. Als Südtirol nach dem Ersten Weltkrieg zu Italien kam, wurden während des Faschismus zahlreiche Italiener, vor allem aus Norditalien, zur Industrialisierung der Region angesiedelt. Alles Deutsche sollte vom Italienischen überlagert werden, deutsche Namen und der Unterricht in deutscher Sprache wurden verboten und für etwa 20.000 deutsche Flur- und Ortsnamen wurden zum Teil sehr willkürliche italienische Entsprechungen gefunden. Nach dem Zweiten Weltkrieg und den Bombenattentaten der 60er Jahre wurde das Südtirolproblem vor die Vereinten Nationen gebracht und mit Unterstützung der Schutzmacht Österreich konnte durch zähe Verhandlungen der SVP und ihres Obmanns Silvius Magnago die Autonomie für Südtirol erreicht werden. Sie wurde in dem weitgehenden Autonomiestatut von 1972 festgeschrieben und die deutschen und italienischen Kulturkreise als gleichberechtigt nebeneinander gestellt.

Dreisprachiges Ortsschild

Mit der Sprachgruppenzugehörigkeitserklärung und der Proporzregelung werden Arbeitsstellen im öffentlichen Dienst, Sozialwohnungen und Kindergartenplätze anteilsmäßig vergeben. Mischehen sind keine Seltenheit mehr, und das Erlernen der jeweils anderen Landessprache wird zusehends als Chance und nicht als Pflicht betrachtet. Das Schulsystem ist allerdings noch nach Muttersprachen getrennt – der junge Politiker und spätere Europaparlamentarier Alexander Langer hatte sich bereits in den 70er Jahren weitsichtig gegen die Trennung der Sprachgruppen eingesetzt, die bisher nur teilweise im Schulsystem der Ladiner verwirklicht wurde. In Zahlen lassen sich die Sprachgruppen so erfassen: 69,4 % Deutsch, 26,3 % Italienisch, 4,3 % Ladinisch. Die Ladiner leben vor allem in Gröden und im Gadertal, die italienische Bevölkerung bildet in Bozen und Leifers die Mehrheit, in Meran ist das Verhältnis ziemlich ausgewogen und in den übrigen Städten sowie im ländlichen Bereich überwiegt der deutschsprachige Anteil, der allerdings zahlreiche Dialektfärbungen in den einzelnen Tälern aufweist. Die 1997 gegründete Freie Universität Bozen bietet Unterricht in drei Sprachen: deutsch, italienisch, englisch.

Europäische Akademie

STADTWANDERUNG DURCH BOZEN 14

Die alte Handelsstadt Bozen war schon immer weltläufig, und die Kaufleute waren durch ihre geschäftlichen Interessen miteinander verbunden. Die Ansiedlung von italienischen Arbeitskräften unter Mussolini machte aus einer Provinzstadt mit 30.000 Einwohnern in relativ kurzer Zeit eine moderne Industrie-, Dienstleistungs- und Verwaltungsstadt mit fast 100.000 Einwohnern. Davon sind heute knapp 30 % deutschsprachig.

Die Industrialisierung der Stadt nach dem Ersten Weltkrieg und ihr Wandel zur Landeshauptstadt haben Bozen rasant wachsen lassen. Große städtebauliche und architektonische Veränderungen wirkten sich auf die teilweise gänzlich neuen Viertel um die Altstadt herum aus, die sich aber ihren historischen Charakter bewahrt hat. Unser Rundgang beginnt auf dem Waltherplatz mit der gotischen Pfarrkirche und führt über den Kornplatz zum Zentrum der Altstadt, den Lauben. Wir folgen links der Geschäftszeile zum Obstmarkt. Mit der Museumstraße endet der westliche Altstadtteil, und beim Spaziergang über die Talferbrücke können wir unsere Eindrücke nun mit der neuen „italienischen“ Stadt jenseits der Talfer vergleichen. Der Siegesplatz mit dem Siegesdenkmal – 1928 gedacht als Pendant zum Bahnhofsumbau – bildet den Auftakt zu einer vom *Razionalismo* der 30er Jahre geprägten Stadterweiterung, die sich damals bis in die teilweise noch ländlichen Vorstadtviertel erstreckte. Bedeutende Architekten wie Marcello Piacentini, Angiolo Mazzoni u. a. entwarfen Stadtstrukturen und Gebäude. Unser Rundgang

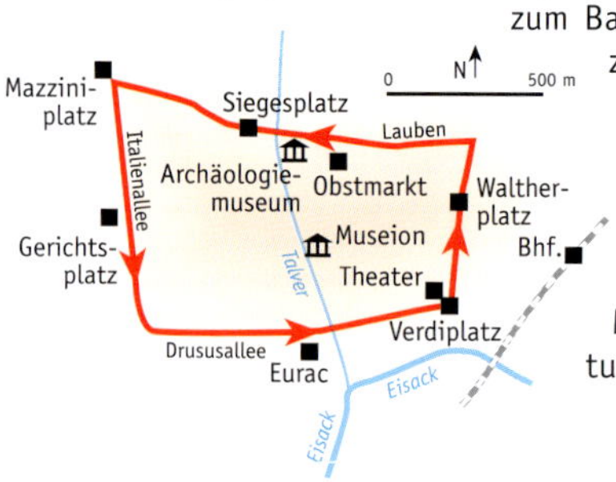

führt über die Freiheitsstraße und die Italienallee, vorbei am Gerichtsplatz und über die Drususallee zur Drususbrücke, wo die EURAC (Europäische Akademie) ein architektonischer Blickfang ist. Das ehemalige GIL-Gebäude, 1934 von Gino Miozzo und Francesco Mansutti für die weibliche faschistische Jugend erbaut, wurde 2002 vom österreichischen Architekten Klaus Kada erweitert. Dieser bemerkenswerte Bau ist ein herausragendes Beispiel dafür, wie sich die Kulturkreise auch in der Sprache der Architektur ergänzen können.

EINKEHR

Am Obstmarkt befindet sich Bozens einzige Gasthausbrauerei **Hopfen&Co.** Das Bier wird mitten im fröhlichen Gedränge des Lokals hinter der großen Theke gebraut, und in den engen Stuben über zwei Etagen trifft sich ein gemischtes Publikum bei frisch gezapftem Bier, kleinen Gerichten und endlosen Plaudereien. Bozen, Obstplatz 17, So Ruhetag, Tel. 0471 303387

In der Europäischen Akademie sind im lichtdurchfluteten **Eurac Café** mit seiner Sonnenterrasse an der Talfer alle Sprachen zu hören. Tages- und Tagungsgäste – auch renommierte internationale Wissenschaftler – genießen hier ihren Espresso oder kleine Speisen, die mit gutem Wein angeboten werden. Ein architektonischer Lichtblick! Bozen, Drususallee 1, So Ruhetag, Tel. 0471 055075

Infos in Kürze

Der Dauer eines Stadtrundgangs sind keine Grenzen gesetzt. Infos und Führungen im Verkehrsamt Bozen.

ganzjährig

P Tiefgarage unter dem Waltherplatz

Vom Bahnhof sind es nur wenige Schritte ins Zentrum.

Museion: Kunst und Sprache

Das Museion ist ein offenes, experimentelles Haus, Präsentationsfläche und Künstlerwerkstatt zugleich und zwar rund um die Uhr, denn nachts zeigen die Glasfassaden Videokunst – so präsentiert sich das 2008 neu eröffnete Museum für moderne und zeitgenössische Kunst in Bozen. Der Neubau steht an einem Schnittpunkt der Stadt, dort, wo die Talfer das alte „deutsche" und das neue „italienische" Bozen trennt – ein idealer Ort, um Kunst als gesellschaftliche Auseinandersetzung zu fördern. Die zum Museion führende Brücke verbindet beide Kulturen symbolisch. Die Berliner Architekten Krüger, Schuberth, Vandreike haben das Museum als vielfältig nutzbaren Raum gestaltet, der Ausblicke auf die Stadt ermöglicht und so den Dialog von Innen und Außen, von Kunst und Alltag aufnimmt. Eine Fachbibliothek mit 21.000 Bänden, das Café und der Shop machen den Museumsbesuch für alle attraktiv.

Seit der Gründung 1985 hat sich das Museion den zeitgenössischen Ausdrucksformen von Kunst zugewandt. Heute liegt der Schwerpunkt der Sammlung mit über 4.000 Werken und des Ausstellungsprogramms auf der Kunst nach 1960. In Europa hat sich das Museion mit seinem Sammlungsschwerpunkt „Sprache in der Kunst" einen guten Namen gemacht. Für das dreisprachige Südtirol liegt dieser Ansatz nahe und ist damit im Trend aktueller Kunsttendenzen: Seit der Konzeptkunst der 1960er Jahre sind Text und Sprache bereits feste Bestandteile der internationalen Kunst (Info S. 95).

Museion

INS MUSEUM LADIN 32

Die ladinische Bevölkerung konnte ihre Sprache und Kultur in den Dolomitentälern über Jahrhunderte erhalten. Wanderungen im Naturpark Puez-Geisler, um den Peitlerkofel, ins Kampilltal oder zur Puezgruppe führen mitten hinein ins heutige Ladinien. Zum Verständnis der Sprache, Geschichte und des Kunsthandwerks der Ladiner ist ein Besuch des Museum Ladin im Schloss Thurn ein guter Ausgangspunkt.

Museum Ladin

Zum Ende des Römischen Reiches lebte in Teilen von Graubünden, Vorarlberg und Tirol, bis in das Ostalpenbecken von Udine, eine rätoromanische Bevölkerung. Deren Sprache hatte trotz des lateinischen Überbaus starke lokale Eigenheiten. Beim Vordringen der Langobarden und Alemannen zogen sich die Räter in unwegsame Alpentäler zurück und konnten sich in dieser Abgeschiedenheit ihre Sprache und Bräuche erhalten. Die Sprachinseln des Friulan, des Rätoromanischen und des Ladinischen entstanden. In den ladinischen Tälern Südtirols ist Ladinisch auch Amtssprache. Rundfunk und Fernsehen bieten eigene Sendungen, und die Schulen erteilen Unterricht in ladinischer Sprache. Es gibt die wissenschaftliche Zeitschrift „Ladinia" und die über Südtirol hinausreichende Wochenzeitung „La Usc di Ladins".

Für unseren Ausflug zum Museum Ladin im Gadertal kommen wir von Westen über das Würzjoch oder, vom Pustertal aus, bei St. Lorenzen in Richtung Süden nach St. Martin in Thurn. Der Ort wird vom Schloss Thurn aus dem 12. Jh. überragt, in dem das Museum seit 2001 untergebracht ist. Viele Stunden ließen sich hier verbringen, um mehr über Ladinien zu erfahren, denn für das Museum ist ein spannendes Konzept entwickelt worden: 8000 Jahre Siedlungsgeschichte werden hier lebendig dargestellt, Bilder sprechen, ein Schattentheater erschließt die Sagenwelt, die Grödner Spielzeuggeschichte lässt sich spielerisch entdecken, und mit der ladinischen Sprache im Ohr verabschieden wir uns mit einem „A s'udëi" (Adieu).

Infos in Kürze

Eine Rundwanderung um den Peitlerkofel vermittelt die landschaftliche Schönheit: vom Würzjoch (2000 m) auf den Wegen 8a und 8b zum Gömajoch (2111 m) und weiter auf Steig 35 durch Almwiesen zur Peitlerscharte (2363 m, dort steile Aufstiegsmöglichkeit zum Peitlerkofel). Auf Weg 4 und 8a zurück. Für trittsichere und ausdauernde Geher.

ca. 4 Stunden, zum Peitlerkofel 2 Stunden mehr

Höhenunterschied: 630 m, zum Peitlerkofel zusätzlich 518 m

EINKEHR

Wer den Peitlerkofel umrundet hat, wird gerne im neuen Berggasthof **Ütia de Börz** am Würzjoch einkehren. Familie Promberger serviert nicht nur Wildgerichte, sie bietet auch Übernachtungsmöglichkeiten. Herrlicher Blick! St. Martin in Thurn, Untermoj 58, Mai–Okt. und Weihnachten–Ostern, kein Ruhetag, Tel. 0474 520066, www.passodelleerbe.it

Wer dagegen vom Pustertal ins Gadertal einbiegt, sollte nicht versäumen den Wallfahrtsort Maria-Saalen aufzusuchen. Dort befindet sich der urgemütliche **Gasthof Saalerwirt**, in dessen schönen alten Zirbenstuben Familie Tauber verfeinerte Südtiroler Gerichte auftischt. Auch die schönen Zimmer laden zum Bleiben ein. St. Lorenzen, Saalen 4, Di Ruhetag, Tel. 0474 403147, www.hotel-saalerwirt.com

Im Museum Ladin

Geschriebene Sprache

Peter Mitterhofer (1822–1893) aus Partschins war Tischler und Tüftler. Er baute Musikinstrumente, eine Waschmaschine und erfand 1864 die erste Schreibmaschine, von der er fünf Prototypen herstellte. Aber keine ging in Serie. Zu Fuß wanderte Mitterhofer nach Wien, um Kaiser Franz Joseph I. seine Erfindung vorzustellen. Er wurde gnädig mit 200 Gulden abgespeist, und seine Schreibmaschine verschwand im Depot; heute ist sie der Stolz des Technischen Museums Wien. 1865 entwickelte hingegen der Däne Rasmus Malling Hansen mit der Schreibkugel die erste serienmäßig hergestellte Schreibmaschine. Museumsgründer und Sammler Kurt Ryba erstand sie 1999 für sein Schreibmaschinenmuseum in Partschins für rund 55.000 Euro. Während Peter Mitterhofer bitterarm starb, machte die Waffenfabrik E. Remington & Sons ab 1873 mit einer Schreibmaschine, die Mitterhofers Modell sehr ähnelte, das große Geschäft – der erste Verkaufsschlager der jungen amerikanischen Industrie. Die Sammlung des Schreibmaschinenmuseums umfasst ca. 1200 Modelle, darunter so berühmte wie die Remington-Reiseschreibmaschine, auf der Hemingway und viele andere Schriftsteller ihre Texte verfassten, oder den ersten Kleincomputer von 1970, die Olivetti P 203. Aber auch Sonderkonstruktionen wie die deutsche Chiffriermaschine „Enigma“ mit bis zu 1 Milliarde Kodierungsmöglichkeiten oder ein frühes Diktiergerät, das „Ediphon“, sind im modernen und architektonisch interessanten Museumsbau zu besichtigen (Info S. 95).

Schreibmaschinenmuseum in Partschins

Durnholzer See

AUF DEN SPUREN DES SARNER DIALEKTS 13

Beim Blick auf die Landkarte bilden die Sarntaler Alpen eine Art herzförmige Mitte Südtirols. Das Tal und das Penser Joch wären wohl die kürzeste Verbindung zwischen Bozen und Sterzing, aber wegen der engen Schlucht am Südende und dem kurvenreichen Pass ist das Sarntal vom Durchgangsverkehr bisher verschont geblieben. Deshalb schlägt Südtirols deutschsprachiges Herz auch noch sehr bäuerlich.

Bei Astfeld, nördlich vom Hauptort Sarnthein, verlassen wir die Straße zum Penser Joch und biegen in das Durnholzer Tal ein, das sich bis zum östlichen Kamm der Sarntaler Alpen hinzieht und dort endet. Kaum ein anderes Bergbauerngebiet Südtirols ist so einsam geblieben und doch heute gut erreichbar. Auf einer leichten Wanderung wollen wir einer besonderen Landschaft nachspüren, in der sich ein ganz eigener Dialekt und noch viel Handwerkskunst (Federkielstickerei, Sarner Essbesteck) erhalten hat. Wir beginnen sie am Durnholzer See, in dessen dunklem Wasser sich die Jakobspitze, die Wiesen und Bergbauernhöfe spiegeln. Ein kurzes Stück gehen wir die Fahrstraße Richtung Süden bis zum Krösshof (für Urlaub auf dem Bauernhof, Tel. 0471 625207) auf 1650 m. Der Beschilderung Reinswald folgend, kommen wir hinab zum Pfattenbach und queren hinauf zur Forststraße. Weiter geht es auf Weg 22 durch Wald- und über Wiesenstücke, an schönen Höfen vorbei und schließlich nach Reinswald. Von dort kehren wir mit dem Bus nach Durnholz zurück. Die Kirche St. Nikolaus in Durnholz zeigt an den Außenwänden teils abgewitterte Fresken des

Beim Wirt in Durnholz

15. Jh. Im Inneren wurden jedoch Ende der 80er Jahre gut erhaltene, hochgotische Fresken freigelegt, die den künstlerischen Schatz der Kirche darstellen. Bei unserer Wanderung durch diese bäuerliche Kulturlandschaft haben wir unterwegs oder im Pfarrwirt neben der St.-Nikolaus-Kirche Gelegenheit, den Sarner Dialekt zu hören, der sich durch seine eigene Melodie und die Endungen auf -a oder -ar einprägt.

Infos in Kürze

Die Wanderung ist für die ganze Familie geeignet. Unterwegs keine Einkehrmöglichkeit! Wer Lust hat, nimmt noch die Umlaufbahn Reinswald zum Gasthaus Pichlberg (2128 m, Tel. 0471 625280) und genießt das herrliche Panorama.

etwa 2 Stunden
Höhenunterschied: 330 m

P an der Bushaltestelle unterhalb Durnholz

Busverbindung von Reinswald nach Durnholz etwa alle 2 Stunden, Fahrtzeit: 23 Minuten

EINKEHR

In Durnholz hat der **Pfarrwirt** geradezu einen legendären Ruf als traditioneller Bauerngasthof mit ganz einfachen Zimmern und einer kompromisslosen Küche von Knödeln über Nocken, Forelle und Gulasch bis hin zum Strudel. Durnholz 11, im Winter nur nach Voranmeldung, Do Ruhetag, Tel. 0471 625142

Die Fahrt von Bozen nach Sarnthein hat es im unteren Teil entlang der Talferschlucht in sich. Wer die dunklen Tunnel und engen Kurven hinter sich hat, genießt gern die Gastlichkeit der Familie Wenter im **Hotel Bad Schörgau**. Nicht nur die hervorragende Küche – eine der besten Südtirols –, sondern auch sehr gepflegte und geschmackvolle Zimmer gehören dazu. Sarnthein, Putzen 24, Mo und Di Ruhetag, Tel. 0471 623048, www.bad-schoergau.com

Die Dialektlandschaften Südtirols

Die in Südtirol gesprochene Sprache hat sich mit den Völkerwanderungen im Lauf der Geschichte des Landes geformt. Unter den Römern überformte das Lateinische als die Sprache des Militärs und der Verwaltung nur teilweise die ursprünglichen Sprachformen, die in den verschiedenen Tälern überlebten und sich später mit den alemannischen Einflüssen weiter veränderten. Das heute in Südtirol gesprochene Deutsch – für den Gast nicht immer leicht verständlich! – ist sozusagen eine Form von „südbairischem" Dialekt, in welchem sich in der Zeit der Zugehörigkeit zu Italien auch Ableitungen italienischer Wörter festgesetzt haben. Darüber hinaus sind zwischen den Tälern wie dem Vinschgau, Sarntal, Ultental, Passeiertal, Eisacktal, Pustertal und dem Unterland die Unterschiede im Dialekt oft sehr deutlich. Kundige Ohren können deshalb die Herkunft der Menschen oft treffend erkennen. Wer sich in die Dialekte Südtirols einlesen und einhören möchte: Im Buchhandel gibt es zahlreiche Bücher mit mundartlichen Gedichten und Erzählungen sowie Wörterbücher zu kaufen, die teilweise mit CDs versehen sind. So z. B. von Luis Stefan Stecher die „Korrnliadr" (Gedichte in Vintschger Mundart – mit CD), von Wolfgang Sebastian Baur „Puschtra Mund Art" (mit CD) oder das „Wörterbuch der Sarntaler Mundart". Die Website http://oschpele.ritten.org/ gibt als Südtiroler Dialekt-Wörterbuch online eine umfassende Sammlung mundartlicher Ausdrücke wieder. Wer sich geduldig einhört, der wird viel Spaß an der bisweilen sehr eigenen Südtiroler Ausdrucksweise haben.

Watten ist Südtirols beliebtestes Kartenspiel

NÜTZLICHE ADRESSEN MIT ÖFFNUNGSZEITEN

Museion
Dantestraße 2
39100 Bozen
Tel. 0471 977116
www.museion.it

Museum Ladin Ćiastel de Tor
Torstr. 72
39030 St. Martin in Thurn
Tel. 0474 524020
www.museumladin.it
Ostern–Okt. Di–Sa 10–18 Uhr, So 14–18 Uhr
Okt.–Ostern Mi–Fr 14–18 Uhr

Schreibmaschinenmuseum Peter Mitterhofer
Kirchplatz 10
39020 Partschins
Tel. 0473 967581
www.typewritermuseum.com
Apr.–Okt. Mo und Fr 15–18 Uhr, Di–Do 10–12, 15–18 Uhr, Sa 10–12 Uhr
Nov.–März, Di 10–12 Uhr

Verkehrsamt Bozen
Waltherplatz 8
39100 Bozen
Tel. 0471 307000, Fax 0471 980128
info@bolzano-bozen.it
www.bolzano-bozen.it

TV Partschins
Spaureggstr. 10
39020 Partschins
Tel. 0473 967157, Fax 0473 967798
info@partschins.com
www.partschins.com

TV St. Martin in Thurn
Dorf 10
39030 St. Martin in Thurn
Tel. 0474 523175, Fax 0474 523474
info@sanmartin.it
www.sanmartin.it

TV Sarntal
Europastr. 15
39058 Sarnthein
Tel. 0471 623091, Fax 0471 622350
info@sarntal.com
www.sarntal.com

Umlaufbahn Reinswald
Tel. 0471 625132
www.reinswald.com

KULTURLANDSCHAFT SÜDTIROL

Südtirol wirkt wie ein großer Garten. Über Jahrhunderte haben die Menschen hier die Natur geformt. Nur knapp ein Zehntel der rund 7.400 km² großen Fläche des Landes ist für dauerhafte Besiedelung und ständige Bewirtschaftung geeignet. Bauern, Winzer und Obstgärtner verwandelten diesen kleinen Teil in eine einmalige Kulturlandschaft mit Weiden, Feldern, Streuobstwiesen und Weinterrassen. In den letzten Jahrzehnten hat allerdings die „industrialisierte" Bodennutzung wie in der übrigen Europäischen Union

Blick über Leitach bei Bozen Richtung Rosengarten

auch in Südtirol ihre Spuren hinterlassen. Die Gefahr besteht, dass aus Klasse einfach Masse wird. Die Anbaufläche für Reben ging von 10.000 ha zu Beginn des letzten Jahrhunderts auf etwa die Hälfte zurück. Die Obstanbauflächen, vor allem für Apfelplantagen, sind dagegen überproportional gewachsen. Wer im Frühling nach Südtirol kommt, erlebt die üppige Pracht der Blüten an unzähligen Apfelbäumchen. Streuobstwiesen wie in der früheren bäuerlichen Mischkultur bestimmen nur noch sehr selten das Landschaftsbild. Apfelbäume werden heute ähnlich wie Weinreben in strengen Reihen an Drahtrahmen gezogen, sodass die Pflücker keine Leitern mehr benötigen. Mit der daraus entstandenen Massenproduktion liefert Südtirol rund 10 % der in der EU angebauten Äpfel. Leider ist die Vielfalt an Sorten dabei einer Beschränkung auf nur wenige Züchtungen gewichen. Inzwischen scheint sich der Trend langsam zu wenden und die Rebflächen nehmen wieder zu. Die tief wurzelnden Weinstöcke mit ihrem geringeren Nährstoff- und Wasserbedarf sind den Südtiroler Böden und dem Klima besonders gut angepasst. Eine hoch entwickelte Anbau- und Kellertechnik hat die Qualität der Südtiroler Weine in den letzten Jahren an die Spitze Italiens gebracht. Auf Qualität und Tradition wird mittlerweile auch beim Obstbau gesetzt: neben der früheren Vielfalt an Apfelsorten sind regionale Besonderheiten wie die Palabirnen und Marillen (Aprikosen) des Vinschgaus oder die aromatischen Erdbeeren des Martelltales wieder sehr begehrt.
Die Südtiroler lieben es, schöne Gärten anzulegen. In jedem Bauerngarten wachsen neben Kräutern, Salat und Zwiebeln immer auch Blumen. An gepflegten Parkanlagen und Privatgärten fehlt es auch nicht. Die bekanntesten sind sicherlich die Gärten von Trauttmansdorff, die 2005 als die „Schönste Gartenanlage Italiens" ausgezeichnet wurden. Aber auch die Promenaden oberhalb der Städte Meran (Tappeinerpromenade mit dem städtischen Kräutergarten), Bozen (Oswaldpromenade, Heinrichs-Promenade) und Brixen (Karlspromenade) sind als Wege durch eine parkartige Landschaft von besonderer Schönheit. Das Landesmuseum für Volkskunde in Dietenheim wurde als ein malerisches Zusammenspiel aus Bauerngärten und alten Bauernhäusern angelegt. Engagierte Winzer zeigen die harmonische Verbindung von Parkanlagen und Weingärten, wie Alois Lageder in Margreid, Franz Graf Pfeil in Tscherms oder die Familie Tiefenbrunner mit ihrem Märchengarten bei der Schlosskellerei Turmhof in Entiklar. Originelle private Gartenanlagen schufen Martina Mayr auf dem Penzlhof am Ritten (Ferienapartments, www.penzlhof.it) oder Edith Bernhard in Burgeis. Einen Blick in die schönsten Gärten Südtirols gewährt der Bildband „Gartenwelten – Südtiroler Porträts" von Gudrun Sulzenbacher mit Fotos von Maria Gapp und Howard Sooley (Folio Verlag).

In den Gärten von Schloss Trauttmansdorff

DURCH DAS VILLENVIERTEL OBERMAIS NACH TRAUTTMANSDORFF ⓫

Als Meran von den Grafen von Tirol zur Hauptstadt ernannt wurde, errichteten sich die Adelsfamilien ihre Ansitze im heutigen Stadtteil Obermais. Später, als sich Meran zur Kurstadt der k. u. k. Monarchie entwickelte, bauten wohlhabende Bürger dort ihre Villen inmitten herrlicher Gärten. Der Weg durch Obermais nach Trauttmansdorff führt uns durch eine Garten- und Baugeschichte von noblem Luxus.

Wir beginnen unsere Villenwanderung an der Sommerpromenade, am Denkmal der prominentesten Besucherin Merans, Kaiserin Elisabeth, genannt „Sissi". Die benachbarte ehemalige Spitalkirche Heilig Geist ist vom Äußeren her zwar schlicht, aber sie birgt einen der schönsten gotischen Innenräume Südtirols (15. Jh.) mit Reliefs von Jörg Lederer, die in den neugotischen Flügelaltar integriert sind. Wir wechseln von der Gotik in den Prunk der Belle-Époque des Hotel Palace, das 1906 im Park von Schloss Maur errichtet wurde. Schon die grandiose Eingangshalle vermittelt etwas von der Reisekultur der damaligen Zeit und dem alten Glanz Merans. Wir halten uns nun an die Markierung „Sissi-Weg", die uns an üppigen Gärten und Parks, alten Ansitzen, prachtvollen Villen der Jahrhundertwende, aber auch

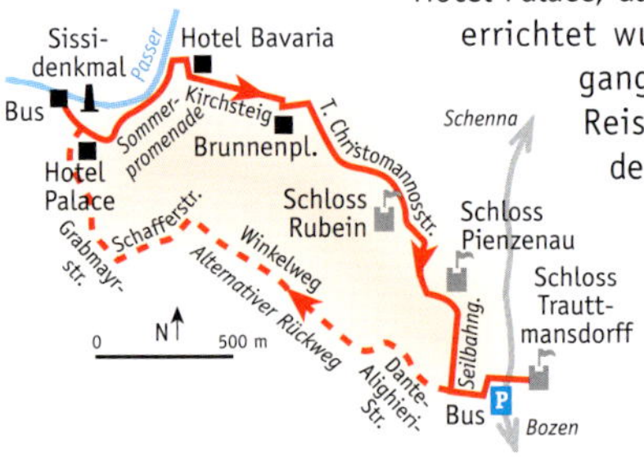

der 30er Jahre vorbei durch den noblen Meraner Ortsteil Obermais nach Trauttmansdorff führt. Ein Spaziergang für alle diejenigen, die sich in die luxuriöse Vergangenheit Merans hineinversetzen wollen und die vielfältige Vegetation mit Palmen, Zypressen, Libanonzedern, Lorbeer und Myrthen bewundern. Der Sissi-Weg endet am Schloss Trauttmansdorff, in dem die Kaiserin mehrfach die Wintermonate verbrachte. Heute befindet sich in dem umgebauten und schön restaurierten Komplex das „Touriseum", ein mit feiner Ironie geistvoll gemachtes Museum des Tourismus. Der 12 ha große botanische Garten um das Schloss wurde im Jahr 2001 eröffnet und ist eine einzigartige Oase, ein prächtiger Erholungspark und ein duftendes Blütenparadies, das sich rasch zum Lieblingsziel der Besucher Südtirols entwickelt hat.

Das Südtirol-Spiel im Touriseum

Infos in Kürze

Ein Spaziergang für die ganze Familie. Er führt über ca. 3 km in knapp 1 Stunde mit sanfter Steigung auf wenig befahrenen Straßen nach Trauttmansdorff (Info S. 107).

Frühling mit seinem Blütenmeer!

P Tiefgarage der Therme.

vom Bahnhof mit Bus 1B oder 4 bis zum Sandplatz und nahen Sissidenkmal. Zurück mit Bus 4.

Die Karlspromenade in Brixen

Dieser hübsch angelegte Spazierweg am Osthang der Stadt über Milland ist wegen der hohen, schattigen Bäume besonders geeignet für heiße Sommertage. Die Karlspromenade bietet außerdem die Möglichkeit zu Abstechern in die höher gelegenen Orte des Mittelgebirges um St. Andrä. Die Kirche St. Maria am Sand (14. Jh.) bildet den Auftakt zu der etwa 2,5 km langen Promenade mit Bänken und einer Mariengrotte. Oberhalb des alten Ansitzes Trunt quert sie einen Bach und führt weiter als Kreuzweg bis zu einer dem seliggesprochenen Kaiser Karl gewidmeten Kapelle. Wenige Schritte sind es von dort bis zur Terrasse des Gasthofs Waldheim (Tel. 0472 836564) mit weitem Blick über Brixen.

Die Oswaldpromenade in Bozen

Oswaldpromenade

Während anderswo die Winterkälte Südtirol noch fest im Griff hat, können wir bereits an sonnigen Januartagen zwischen Jasminknospen, Zypressen und Weinterrassen auf den Bänken der Oswaldpromenade sitzen und den Blick über die Dächer Bozens bis nach Schloss Sigmundskron und zur Mendel genießen. Ein schöner Ausgangspunkt für den Spaziergang ist das Hotel Eberle (Tel. 0471 976125, www.hotel-eberle.com) an der Oswaldpromenade. Nach etwa einem Kilometer zweigt links ein steiler Abstieg zur Stadt ab und rechts ein schmaler Pfad aufwärts, der bis zum Schloss Runkelstein oder durch den Steineichenhain zum Gasthof Peter Ploner (Tel. 0471 973777) führt. Die Promenade verläuft geradeaus weiter, und beim Abstieg über die Serpentinen zeigt sich rechts das Kirchlein von St. Peter.

EINKEHR

Wer den Sissi-Weg am Vormittag nimmt, lässt sich zur Stärkung am besten im **Restaurant Schlossgarten** inmitten der blühenden Gärten von Trauttmansdorff nieder und genießt auf der Terrasse mit Blick auf den Seerosenteich oder im stilvollen Innenraum mediterrane Spezialitäten. Meran, Schloss Trauttmansdorff, kein Ruhetag, Tel. 0473 232350, www.schlossgarten.it

Wer dagegen nachmittags die Gärten besucht und über den Sissi-Weg zurückkehrt, dem sei nach einem Aperitif im charmanten **Café Wandelhalle** (Winterpromenade Nr. 25) zum Abendessen das elegante **Restaurant Kallmünz** empfohlen, das sich in einem alten Ansitz befindet. Chefkoch Luigi Ottaiano überzeugt mit seinem Gespür für den guten Geschmack der verfeinerten süditalienischen Küche. Meran, Sandplatz 12, Mo Ruhetag, Tel. 0473 212917, www.kallmuenz.it

Kapelle St. Anna in Tscherms

ZUM LABYRINTHGARTEN DES GRAFEN PFEIL 12

Der Marlinger Waalweg ist einer der bekanntesten Waalwege in Südtirol. Von der Töll, dem „Tor" zum Vinschgau, zieht er sich über ca. 10 km oberhalb von Marling und Tscherms bis nach Lana und noch weiter – ein schöner Tagesausflug entlang des plätschernden Wasserlaufes über den Obst- und Weingärten des Etschtales. Wir verbinden ein Stück dieser Wanderung mit einem Besuch im Irrgarten des Weingutes Kränzel.

An der Entstehung des Marlinger Waalwegs, den wir oberhalb von Marling beim Restaurant Waalheim (Tel. 0473 447252) erreichen, waren auch die Kartäusermönche aus dem Schnalstal beteiligt, die ihre Weingüter bei Marling bewässern wollten. Zunächst folgen wir der Markierung 33 bis zur Mitterterzer Straße und erreichen das romantische Schloss Lebenberg. Als Privatbesitz kann es teilweise besichtigt werden. Mittelalterliche Innenhöfe, der französische Ziergarten und der Spiegelsaal im Stil des Rokoko lohnen eine Besichtigung. Weiter auf dem Waalweg am Tagfeithof vorbei bis zum Glögglhof, links die kleine Straße hinabgehen und unten angekommen nach rechts zum Weingut Kränzel abbiegen. Der Besitzer, Franz Graf Pfeil, keltert hier nicht nur gute Weine. Mit einem besonderen Park hat er sich eine meditative Wanderstrecke in Miniaturformat geschaffen, auf der nicht nur er, sondern auch seine Besucher zur Ruhe kommen sollen.

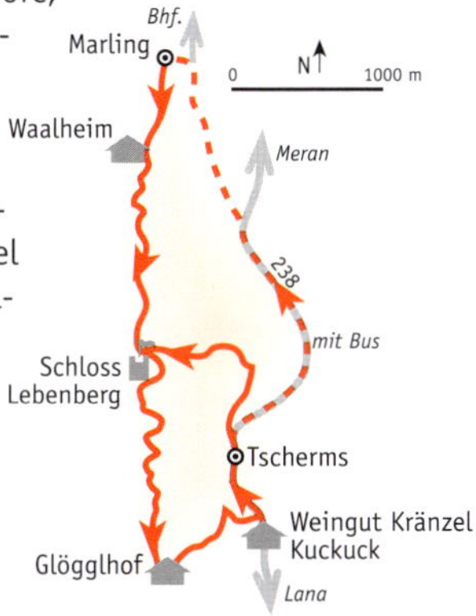

Wer sich auf dem gewundenen Weg an Maulbeerbäumen vorbei, durch ein Wäldchen von blühenden Sträuchern über Steinplatten entlang von Thymianpolstern und Rebenspalieren mit unterschiedlichen Traubensorten begibt, hat die Wahl, im Labyrinth die Mitte zu finden oder im Irrgarten wieder den Ausgang zu suchen. Dabei wird er nicht nur ein seltenes Pflanzenreich entdecken, sondern beim Anblick der wunderschönen Landschaft vielleicht auch das eigene Innere. Danach hat er Gelegenheit, die Weine im Gut zu verkosten und beispielsweise eine Flasche der hochfeinen Gewürztraminer-Trockenbeerenauslese „Dorado" zu erstehen.

EINKEHR

Graf Pfeil hat vor seinem Ansitz ein Nebengebäude mit Garten als Restaurant verpachtet, wo natürlich auch seine Weine getrunken werden können. Das junge Ehepaar Walder führt das stimmungsvolle Gartenrestaurant **Kuckuck** mit viel Geschmack, nicht nur bei den Speisen. Die mittelalterliche Stube und das Kellergewölbe sorgen für gemütliche Stimmung. Tscherms, Gampenstr. 1, Mo Ruhetag, Tel. 0473 563733

Ein Höhepunkt unter den bäuerlichen Buschenschänken des Etschtales ist der **Haidenhof**, nur wenige Minuten von Schloss Lebenberg entfernt. Der blühende Gastgarten mit hölzernen Tischen und Bänken unter Weinranken bietet eine umwerfende Aussicht über das Tal, rustikale Gerichte und sehr gute Eigenbauweine. Tscherms, Lebenbergerstr. 17, Juni–Aug., So Ruhetag, Tel. 0473 562392, www.haidenhof.it

Bodenlabyrinth, links der Irrgarten aus Rebenspalieren

Die Obstgärten des Vinschgaus

Der Vinschgau ist das längste Tal der Alpen in Ost-West Richtung. Er rechnet sich im unteren Teil bis Naturns klimatisch fast noch dem Burggrafenamt zu. Der mittlere Vinschgau mit seinen Obstgärten reicht bis Schluderns, und der Teil von Mals bis zum Reschenpass ist durch die berüchtigten rauen Winde von Norden ein eher karges Weideland. Die Weinterrassen erstrecken sich von Partschins bis Schlanders und bilden mit knapp 70 ha das kleinste Wein-Anbaugebiet Südtirols. Mit neuesten Weinbautechniken werden heute dort sehr geschätzte, feinfruchtige und zarte Weine aus Riesling-, Vernatsch- und Blauburgundertrauben gekeltert. Die Nordseite des Tales, der „Sonnenberg", weist aufgrund äußerster Trockenheit teilweise steppenartigen Bewuchs auf. Schon die Römer haben hier Bewässerungssysteme angelegt und zeitweilig betrug die Länge der Vinschgauer Waale über 400 km. Die Südflanke des Tales ist dagegen wasserreich und dicht bewaldet. Auch die sonnenverwöhnten Marillen und Palabirnen gehören zum Obstgarten des Vinschgaus. Den Palabirnen wird neben dem köstlichen Geschmack eine geradezu wundertätige heilende Wirkung nachgesagt. Vinschger Bäcker verarbeiten die goldenen Früchte gern zum Palabirnenbrot (unbedingt probieren!). Heute noch gehört zu fast jedem Bauernhof ein Pala-Birnbaum. Im Talgrund breiten sich Apfelmonokulturen mit mehr als 12 Mio. Bäumchen aus. Im Martelltal, einem Hochgebirgstal am Ortlermassiv, finden sich bis auf 1800 m Höhe Erdbeerplantagen, deren besonders aromatische Beeren äußerst begehrt sind.

Am Latschanderwaalweg bei Kastelbell

Infos in Kürze

Für die ganze Familie geeignet.
ca. 2 Stunden bis zum Weingut Kränzel (Info S. 107). Vom Weingut nach Marling über Schloss Lebenberg oder mit dem Bus zurück.

Höhenunterschied: 130 m
von Frühjahr bis Herbst
P in der Ortsmitte von Marling (Oberwirt) und der Beschilderung Waalweg folgen.

DER KESCHTNWEG VON VAHRN NACH BOZEN 28

Im weitverzweigten Wegenetz Südtirols sind in den letzten Jahren mehrere sogenannte Themenwege angelegt worden. Einer der bekanntesten ist der „Keschtnweg", der Kastanienweg, der von Vahrn bei Brixen durch das mittlere und untere Eisacktal bis nach Bozen führt und bei Schloss Runkelstein endet. Auf ihm wandern wir durch die wunderbare Kulturlandschaft des Mittelgebirges mit stets wechselnden Ausblicken.

Ansitz Gravetsch

Die Edelkastanie findet im milden Klima des Eisacktales ideale Wachstumsbedingungen vor. Kastanienbäume können hier älter als 500 Jahre werden und dienen noch heute vielen Bauernfamilien als wichtiger Nebenerwerb. Es entstanden viele Variationen von Kastaniengerichten, die bei den gastronomischen Festwochen im Oktober und November (z. B. beim „Keschtnigl" in Feldthurns) angeboten werden. Der Keschtnweg ist mit dem Symbol einer Kastanie beschildert und führt an vielen Kultur- und Naturdenkmälern vorbei. Die herbstlichen Farben der Wiesen, Weingärten und Mischwälder werden durch das in der Sonne golden leuchtende Laub der Kastanienbäume bereichert. Ausgangspunkt unserer Wanderung ist der alte Kastanienhain von Vahrn. Nach dem 1167 erstmals erwähnten Kirchlein von St. Cyrill geht es über Wiesenwege und an behäbigen Höfen oberhalb von Payrdorf vorbei nach Tötschling und weiter nach Feldthurns mit dem Renaissanceschloss Velthurns. Nach Klausen erreichen wir über den stattlichen Ansitz Gravetsch bei St. Valentin schließlich Villanders. Die alte Heeresstraße der Römer und Kaiser führt uns oberhalb von Kollmann weiter bis Barbian, und wir gelangen vorbei an mächtigen Kastanienbäumen in die Weiler Saubach und Rotwand. Von den Bergkuppen mit den Kirchen St. Verena und St. Andreas (13. und 14. Jh.) genießen wir den Blick ins Tal und wandern an weißen Erdpyramiden vorbei nach Unterinn. Von dort kommen wir über den Signater Kirchsteig und durch das Katzenbachtal zur Jausenstation Peter Ploner und nähern uns dem Ziel: der Burg Runkelstein am Eingang zum Sarntal.

EINKEHR

An Einkehrmöglichkeiten entlang des Keschtnweges fehlt es nicht. Die Kompass-Karte „Keschtnweg" listet sie in einem eigenen Verzeichnis auf. Besonders zu empfehlen sind der **Huberhof** in Pardell oberhalb Kloster Säben (Tel. 0472 855479) mit Eigenbauweinen und bäuerlicher Küche, der **Winklerhof** in St. Moritz/Villanders (Tel. 0472 843105) mit gutem Blauburgunder und schöner Sonnenterrasse sowie der **Rielingerhof** unterhalb von Siffian (Tel. 0471 356274), wo die Zeit stehen geblieben zu sein scheint. Zum Übernachten und feinem Speisen ist der Edelansitz **Zum Steinbock** in Villanders (Tel. 0472 843111, www.zumsteinbock.com) wohl die beste und stimmungsvollste Adresse am Keschtnweg – aber auch einfache Pensionen finden sich entlang des Weges. Zimmer vorher telefonisch reservieren, besonders bei größeren Gruppen!

Infos in Kürze

Für die etwa 62 km lange Tour mit teilweise großen Höhenunterschieden sind 3–6 sonnige Tage im Oktober ideal. Die Strecke ist für die ganze Familie geeignet, erfordert aber Ausdauer. Nützlich für die Vorbereitung ist die Kompass-Karte „Keschtnweg" mit Begleitheft für alle weiteren Details.

Am Keschtnweg bei Feldthurns

Radweg durch die Reste der Schludernser Aulandschaft

Urlandschaft an der Etsch

Der Vinschgau zählt wegen seiner landschaftlichen Kontraste zu den Besonderheiten Südtirols. Die der Sonne ausgesetzten Südhänge sind Trockengebiete, teilweise mit Steppenpflanzen bewachsen. Das Wasser für die landwirtschaftliche Nutzung wurde jahrhundertelang über Waale zum Teil von der gegenüberliegenden, bewaldeten und wasserreichen Talseite bezogen. Im Vinschgau finden sich auch Superlative: die Malser Heide ist der größte Murkegel der Alpen, der höchste Gipfel Südtirols, der Ortler, ist in Sichtweite und bei Laas wird der reinste weiße Marmor gebrochen. Der trockene Vinschgau war aber einmal das Armenhaus Südtirols. Die Ärmsten der Armen zogen als „Karrner“ und Tagelöhner durch das Tal, und manche Bauern mussten ihre Kinder bereits im Alter von sechs Jahren als Arbeitskräfte ins reiche Schwaben geben. Das änderte sich mit dem Bau der Vinschgerbahn 1906. Der Marmor konnte leichter exportiert werden, ebenso das Obst. Der Tourismus blühte auf, aber auch die Landschaft veränderte sich. Die Etsch wurde für den Bahndamm reguliert und den jährlichen Überschwemmungen der Talauen damit ein Ende gesetzt. Statt Weizenfeldern wurden nun Apfelplantagen angelegt. Die artenreiche Urlandschaft um den Fluss verschwand bis auf Reste zwischen Laas und Schlanders und den Biotop „Prader Sand“. Es ist das einzige noch erhaltene Flussdelta Südtirols und lässt erahnen, wie die Talgründe einmal ausgesehen haben: eine Feuchtlandschaft mit Erlenbrüchen, Schilf und Krautschicht, wo es seltene Pflanzen gibt, und die heute noch Zugvögeln Rastplätze bietet.

NÜTZLICHE ADRESSEN MIT ÖFFNUNGSZEITEN

Die Gärten von Schloss Trauttmansdorff und Touriseum
St.-Valentin-Str. 51a
39012 Meran
Tel. 0473 235730
www.trauttmansdorff.it,
www.touriseum.it
Täglich 1. April–15. Nov. 9–18 Uhr,
15. Mai–15. Sept. bis 21 Uhr

Labyrinthgarten Weingut Kränzel
Gampenstr. 1
39010 Tscherms
Tel. 0473 564549
www.labyrinth.bz
Führungen durch den Garten jeden Do 10 Uhr, durch das Weingut jeden Mi 16 Uhr

Schloss Lebenberg
Lebenbergstr. 15
39010 Tscherms
Tel. 0473 561425
März–Okt. Mo–Sa 10.30–12.30,
14–16.30 Uhr

Verkehrsamt Bozen
Waltherplatz 8
39100 Bozen
Tel. 0471 307000, Fax 0471 980128
info@bolzano-bozen.it
www.bolzano-bozen.it

TV Brixen
Bahnhofstr. 9
39042 Brixen
Tel. 0472 836401, Fax 0472 836067
info@brixen.org
www.brixen.org

TV Eisacktal
Großer Graben 26a
39042 Brixen
Tel. 0472 802232, Fax 0472 801315
info@eisacktal.info
www.eisacktal.info

TV Lana
Andreas-Hofer-Str. 7b
39011 Lana
Tel. 0473 561770, Fax 0473 561979
info@lana.net
www.lana.net

TV Marling
Kirchplatz 5
39020 Marling
Tel. 0473 447147, Fax 0473 221775
mail@marling.info
www.marling.info

Kurverwaltung Meran
Freiheitsstr. 45
39012 Meran
Tel. 0473 200443, Fax 0473 200188
info@meraninfo.it
www.meraninfo.it

Ferienregion Ortler, Büro Prad
Hauptstraße 39
39026 Prad am Stilfserjoch
Tel. 0473 616034, Fax 0473 616776
www.ortlergebiet.it

TV Schlanders – Laas
Göflanerstr. 27
39028 Schlanders
Tel. 0473 730155, Fax 0473 621615
info@schlanders-laas.it
www.schlanders-laas.it

TV Vinschgau
Kapuzinerstr. 10
39028 Schlanders
Tel. 0473 737000, Fax 0473 737011
info@vinschgau.is.it
www.vinschgau.is.it

Weingut Alois Lageder
Grafengasse 9
39040 Margreid
Tel. 0471 809500
www.lageder.com

Weingut Tiefenbrunner
Schlossweg 4, Entiklar
39040 Kurtatsch
Tel. 0471 880122
www.tiefenbrunner.com

SILBER UND GESTEIN

Als sich vor etwa 60 Mio. Jahren der afrikanische Kontinent nach Norden schob und die Alpen auffaltete, gab es gewaltige Störungen durch aufsteigendes Magma. In den Aufbrüchen und Querfaltungen lagerten sich in geringen Abständen die unterschiedlichsten geologischen Schichten ab. Neben vulkanischem Porphyr findet sich reinweißer Marmor bei Laas im Vinschgau und in geringeren Vorkommen auch am Zusammentreffen der Täler von Ratschings, Ridnaun und Jaufen. In der Marmorschlucht der Gilfenklamm oder in der Eggentaler Porphyrklamm treten diese Gesteine deutlich zutage. Wie ein geologisches Buch liest sich die Bletterbachschlucht am Weißhorn über Auer, wo Schicht für Schicht der Aufbau der Dolomiten sichtbar ist. Bei Grasstein im Eisacktal tritt hellgrauer Granit zu Tage. Er wurde über Jahrhunderte bis zum Ersten Weltkrieg als Bau-, Zier- und Pflasterstein für ganz Tirol gebrochen. Zahlreiche aus diesem Stein errichtete Kirchtürme – auch der Weiße Turm in Brixen – geben heute noch Zeugnis davon. Das Baumaterial für die umfangreiche Anlage der Franzensfeste stammt hingegen aus dem noch härteren Gestein der Granitsteinbrüche bei Pfalzen im Pustertal.
Bereits in frühgeschichtlicher Zeit begann der Erzabbau am Pfunderer Berg bei Villanders hoch über dem Tinnetal. Hier wurde nach Kupfer- und Bleierzen geschürft. Der Transport des Erzes über das Grödner Tal bis in die von den damals noch heidnischen Slawen bewohnten Gebiete im Osten erfolgte über den „Heidenweg", ladinisch „Tròy Payán", heute ein beliebter Wanderweg. Im Pfunderer Bergwerk bei Villanders wurde noch bis 1908 (zum Teil noch im Zweiten Weltkrieg) nach Kupfer, Zink, Blei und Silber geschürft. Einer der zahlreichen Stollen kann besichtigt werden.
Der Reichtum Tirols mit eigener Münzprägung unter den Grafen von Tirol basierte auch auf den Bergwerken bei Sterzing und Gossensass, in den Tälern von Ridnaun, Ratschings und Pflersch. Ende des 15. Jh. erreichte hier der Bergbau mit Tausenden Knappen seine Blüte. Zwischen den gut entlohnten und selbstbewusst auftretenden Bergarbeitern und der armen Landbevölkerung gab es oft Spannungen, um die sich eine Anzahl von Legenden ranken wie auch um schreckliche Unglücke in den Stollen, die zum Teil in einer Höhe von über 2000 m lagen. Mit dem Reichtum aus dem Silber konnten die in einer Feuersbrunst 1443 abgebrannten Stadtteile Sterzings in kurzer Zeit als „Neustadt" wieder aufgebaut werden. Auch zahlreiche Kirchen wurden errichtet und mit Kunstschätzen versehen wie etwa die Knappenkirche St. Magdalena im Ridnauntal, die gleich mit vier gotischen Altären ausgestattet wurde. Erst der Raubbau durch die Fugger und die billigeren Silbereinfuhren aus

Südamerika um 1600 ließen den Wipptaler Bergbau nahezu bedeutungslos werden – dennoch wurde er bis nach dem Ersten Weltkrieg in geringem Umfang fortgeführt, in Ridnaun-Schneeberg bis 1985. Heute ist das ehemals höchstgelegene Bergwerk Europas bei St. Martin am Schneeberg (2355 m) als „Erlebnisbergwerk" über das Bergbaumuseum in Maiern im Ridnauntal zu besichtigen. Das Ahrntal nördlich von Sand in Taufers gilt – nach der Gegend um Sterzing – als das mineralreichste Tal Südtirols. Rund um Prettau wurde bereits in vorgeschichtlicher Zeit nach Kupfererz geschürft. Das Mineralienmuseum von St. Johann und die beiden Bergbaumuseen in Prettau und Steinhaus informieren darüber.

Im Canyon des Geoparcs Bletterbach

Das Bergwerks-ensemble in Ridnaun

ZUM HÖCHSTEN BERGWERK IM RIDNAUNTAL 31

Voller Sehenswürdigkeiten und landschaftlicher Schönheiten, mit Gletschern bis zum höchsten Gipfel der Stubaier Alpen, dem 3507 m hohen Zuckerhütl, zeigt sich das Ridnauntal. Es blickt auf eine über 800-jährige Bergbaugeschichte zurück, die in Maiern bei verschiedenen „Erlebnistouren" entdeckt werden kann. Rundgänge, Stollenwanderungen von unterschiedlicher Länge und Filmvorführungen gehören dazu.

Von Maiern, am Ende des Ridnauntales, sind zwei grandiose Sehenswürdigkeiten erreichbar: die Bergbauwelt Ridnaun-Schneeberg und das Barockschloss Wolfsthurn, das heute das Südtiroler Jagd- und Fischereimuseum beherbergt. Am besten reservieren wir dafür zwei Tage mit Übernachtung im idyllischen Dorf Ridnaun. Das Südtiroler Bergbaumuseum am Schneeberg lohnt alleine schon eine ganztägige Besichtigung, um die Stollenexkursionen oder die „Abenteuertour" zum hochgelegenen Knappendorf St. Martin mitzumachen. Es werden aber auch andere Führungen unterschiedlicher Dauer angeboten. Nach einem Tag voll eindrucksvoller Hochgebirgserlebnisse genießen wir am zweiten Tag eine herrliche Wanderung zur kulturellen Erkundung eines der schönsten Täler Südtirols.

Die Talwanderung führt uns von Maiern über die obere Erzstraße nach Ridnaun und dann auf Weg 7 und

Besucher dürfen Silber, Blei und Zink schürfen.

7A zur einsam stehenden, spätgotischen Knappenkirche St. Magdalena. Sie wurde 1481 während der Blütezeit des Bergbaus auf den Fundamenten einer schon 1273 erwähnten Kapelle von den Bergknappen vom Schneeberg errichtet und 1982 umfassend restauriert. Ihren Kunstwert bilden vor allem vier Altäre, darunter Meisterwerke von Hans Harder und Mattheis Stöberl (Hauptaltar von 1509). Am Ende des Wegs 7A folgen wir der Nr. 9 bis nach Mareit, wo wir die symmetrische Anlage von Schloss Wolfsthurn erblicken. Die barocken Prunkräume mit herrlichen Wandtapeten sind darin mindestens ebenso eindrucksvoll wie die von Matthäus Günther mit Fresken und vergoldeter Einrichtung ausgeschmückte Kapelle – einer der schönsten Innenräume des 18. Jh. in Südtirol.

EINKEHR

Direkt auf dem Bergwerksgelände liegt die **Knappenstube** in einem schlichten Gebäude mit schöner Sonnenterrasse. Anita und Christian Rainer haben ihre Gaststätte geschmackvoll eingerichtet und servieren mediterrane und Tiroler Gerichte. Ridnaun, Maiern 48, Mo Ruhetag, Tel. 0472 656471, www.knappenstube.com

In Ridnaun finden wir das wunderschön-nostalgische **Hotel Sonklarhof**. Familie Leider führt den Stil des Hauses der vorigen Jahrhundertwende mit modernem Komfort und gepflegter Küche – im Restaurant, in der Stube oder im Biergarten – weiter. Wer für die beiden genannten Unternehmungen hier übernachten will, kann hübsche Zimmer und ein umfassendes Wellnessangebot genießen. Ridnaun, Dorf 16, kein Ruhetag, Tel. 0472 656212, www.sonklarhof.at

Infos in Kürze

Die Bergbauwelt (Info S. 119) ist ein Erlebnis für die ganze Familie, ebenso die leichte Talwanderung von Maiern zum Schloss Wolfsthurn (Info S. 119). Für beides ist ein Aufenthalt von zwei Tagen zu empfehlen.

Talwanderung 2½ Stunden
Höhenunterschied: 200 m
P in Maiern
Rückfahrt mit dem Bus, www.sii.bz.it

Marmor aus Laas

Riesige Marmorvorkommen haben den Ort Laas im Vinschgau zum Marmordorf Südtirols gemacht. Angeblich nutzten hier bereits die Römer den weißen Stein. Der Weißwasserbruch liegt auf einer Höhe von 1567 m. Gigantische Maschinen müssen eingesetzt werden, um die tonnenschweren Marmorblöcke zu bewegen. Eine Transportseilbahn bringt die Blöcke zunächst auf die gegenüberliegende Talseite, wo die Fördereinrichtungen einfacher anzulegen waren als auf der Seite des Marmorbruchs. Dann werden die Blöcke auf einer fast eben verlaufenden Gleisstrecke zum sogenannten Bremsberg gebracht, wo der erste Schrägaufzug der Welt die enormen Lasten über 500 m abwärts ins Tal befördert. Unten werden die Blöcke ins Lager neben der Vinschgerbahn gefahren, wo der Marmor vom Bahnsteig aus in seiner weißen Reinheit gut zu bewundern ist. Aber auch im Ort Laas ist er allgegenwärtig, nicht nur das Bürgersteigpflaster, der Dorfplatz, die Brunnen und Grabsteine sind aus dem schönen Material, auch die Pfarrkirche St. Johannes ist ein Beispiel dafür, wie dieser Marmor schon in der Romanik verwendet wurde. Eine Kuriosität ist die Büste des Kaiser Franz Joseph I., die mit weiteren Denkmälern für Wien noch vor dem Ersten Weltkrieg hier bestellt, aber nach 1918 nicht mehr abgeholt wurde. Heute steht sie vor dem Rathaus. In der Fachschule für Steinbearbeitung wird der richtige Umgang mit Marmor gelehrt, und Führungen, welche auch die Besichtigung der Pfarrkirche und das Marmorwerk mit einschließen, vermitteln Wissenswertes über das „weiße Gold“ (Info S. 119).

Marmorblöcke und der Laaser Bremsweg (im Hintergrund)

ZUM PFUNDERER BERGWERK 22

Schloss Garnstein

Mit einer ausgedehnten, aber abwechslungsreichen Wanderung wollen wir das tiefe und dunkle Tinnetal umrunden und das Pfunderer Bergwerk besuchen. Im Talschluss treffen wir auf das Schloss Garnstein und wandern weiter nach Latzfons hinauf. Von dort führt einer der schönsten Mittelgebirgswege des Eisacktales immer auf der Sonnenseite bergab über Verdings, Pardell und Kloster Säben nach Klausen zurück.

Aus dem Ortszentrum von Klausen erreichen wir durch die Unterführung der Brennerstraße das Tinnebachtal und folgen nach etwa 500 m der Markierung Keschtnweg. Hier geht es anfangs steil hinauf zum 3 m hohen Menhir von Villanders und bis zum Hof Mair in Ums. Weiter auf Weg 3a zur Knappenkapelle St. Anna, die ihre heutige Form 1736 erhielt und gerade erst renoviert wurde. Weg Nr. 3 führt uns dann hinauf zum 1908 aufgelassenen Pfunderer Bergwerk auf 1250 m, dessen Abraumhalden bis ins Tinnetal reichen. Das Bergwerk wurde 1141 erstmals urkundlich erwähnt, als es das Kloster Neustift bei Brixen übernahm. Im 17. Jh. gingen die Gruben an die Klausner Gewerkenfamilie Jenner und nach dem

Ersten Weltkrieg an den italienischen Staat. Die Besichtigung des Elisabethstollens am Infohaus führt mitten hinein in die Bergwerksgeschichte. Dann steigen wir auf Weg 3 ab zum Schloss Garnstein, das Ende des 12. Jh. am Fuße des Bergbaugebiets erbaut wurde. 1880 wurde es im Stil der altdeutschen Burgenromantik renoviert. Heute ist es in Privatbesitz und nicht zu besichtigen. Wir rasten im nahen Gasthof Mühlele, bevor wir auf Weg 2 nach Latzfons aufsteigen und von dort auf Weg Nr. 1A mit Dolomitenblick nach Verdings hinunter wandern. Der Abstieg über den Weg 1B führt uns nach Pardell mit der kleinen Kapelle zu Unserer Lieben Frau. Das Kirchlein erinnert an einen Kampf am 3. April 1797, bei dem tapfere Verdinger Frauen die Franzosen in die Flucht schlugen. Im benachbarten Gasthaus Huber gibt es ebenfalls eine Einkehrmöglichkeit, bevor wir über Kloster Säben nach Klausen zurückkehren.

Infos in Kürze

Für ausdauernde Geher ohne Schwierigkeit.
Am Säbener Klosterberg gibt es zwei Varianten: kurzer Aufstieg zum Kloster mit Besichtigung oder vorher links den Panoramaweg direkt hinab nach Klausen.
5½ Stunden
Höhenunterschied: 915 m
P am Südende der Altstadt von Klausen.

EINKEHR

Unterhalb von Schloss Garnstein liegt der einfache **Gasthof Mühlele** direkt am Tinnebach. In der Mühle von einst serviert Wirtin Theresia Raifer in der Stube oder auf der Sonnenterrasse Südtiroler Gerichte und gute Weine. Auch Zimmer gibt es. Latzfons 95, Di Ruhetag, Tel. 0472 545153

Wer auf dem Rückweg in Verdings den kleinen Umweg bergab zum Bauernhof **Moar zu Viersch** nicht scheut, trifft auf einen malerischen Ansitz unter Walnussbäumen, der neben der hübschen Katharinenkapelle vor dem Dolomitenpanorama wie aus einer anderen Zeit überkommen wirkt. Oma Kerschbaumer verwöhnt ihre Gäste in zwei alten Stuben mit hausgemachtem Speck und rotem Eigenbauwein. Klausen, Verdings 22, Tel. 0472 855489

Gasthof Sachsenklemme

Granit aus Grasstein

An der engsten Stelle des Wipptals liegt der kleine Ort Grasstein. Etwas weiter flussabwärts steht in der „Sachsenklemme" die Kapelle St. Anna im Sack (1512) und ein vom Andreas-Hofer-Verein errichtetes Denkmal für die Gefallenen unter den Tiroler Freiheitskämpfern, die am 4. und 5. August 1809 hier im Kampf gegen eine Übermacht der französischen Truppen siegten. Über 1200 sächsische Söldner fanden dabei den Tod. Daneben erhebt sich der stattliche, aus Granit gemauerte Gasthof Sachsenklemme (Tel. 0472 837837, www.sachsenklemme.it). Der Granit aus den mittlerweile erschöpften Steinbrüchen oberhalb von Grasstein spielte jahrhundertelang eine große Rolle in Tirol. Das Material für zahlreiche Kirchen und Gebäude im Eisacktal kam von hier, auch steinerne Kanonenkugeln wurden hergestellt und Innsbruck mit Pflastersteinen aus diesem Granit beliefert. Für den Transport des Materials erhielt der Ort beim Bau der Brennerbahn von 1864–67 einen bedeutenden Bahnhof mit Wasserturm – natürlich alles aus Granit. Die Lagerhalle und Ladegeleise wurden später, im Zweiten Weltkrieg, für Militärtransporte erweitert und dienten bis in die 60er Jahre als Verladestation für Viehtransporte. Heute macht alles einen verlassenen Eindruck, aber es gibt Pläne für den Ausbau zum Frachtbahnhof.

Von Grasstein aus empfiehlt sich eine Wanderung zum hochgelegenen Puntleider See auf 1850 m, einem einsamen Juwel in dieser Gegend, die meist nur eilig durchfahren wird. (Steiler Aufstieg: 3 Stunden, über 1100 Höhenmeter).

ZU DEN BERGSCHÄTZEN IM AHRNTAL 34

Das ca. 30 km lange Ahrntal zwischen Sand in Taufers und Kasern ist auf guter Straße rasch durchmessen. Durch die höher gelegenen, weiten Almflächen führen zwar reizvolle Wanderwege – wir aber wollen dem Bergbaugebiet im Tal nachspüren. Gleich drei interessante Museen, das private Mineralienmuseum in St. Johann und die beiden Südtiroler Bergbaumuseen in Steinhaus und Prettau, bewahren Schätze der umliegenden Bergwelt auf.

Vom schönen Ort Sand in Taufers im Pustertal fahren wir weiter nach St. Johann im Ahrntal, um im Mineralienmuseum „Alpine Schätze" eine funkelnde Welt von Mineralien aus den Zillertaler Alpen und den Hohen Tauern vorzufinden. Unter den rund 750 Ausstellungsstücken sind Südtirols größte Rauchquarze und das „Bergkristallgwind" die besonderen Attraktionen. Unser nächstes Ziel ist das Südtiroler Bergbaumuseum in Steinhaus. Im Dorf überrascht so manches große Haus von fast städtischem Charakter, darunter der „Kornkasten" im Zentrum des Ortes, der einstige Getreidespeicher, aus dem die Knappen mit Korn einen Teil ihres Lohnes erhielten. Heute erläutern darin Modelle, didaktische Schaukästen, Filmberichte und ein Computerkabinett auf spannende Weise die Geschichte der Erzgewinnung.

Einfahrt in den St.-Ignaz-Erbstollen, Prettau

In Prettau wurde ab ca. 1400 bis in das 20. Jh. mit einer durchschnittlichen Jahresproduktion von 56 bis 84 Tonnen sehr dehnbares Kupfer gewonnen, das sich besonders für die Kupferdraht-Herstellung eignete. Unsere Museumstour beginnt dort beim St.-Ignaz-Erbstollen. Eine Kleinbahn führt uns zu einer Besichtigungstour mit zwei Rundgängen 500 m tief in den Berg, mitten hinein in eine nahezu authentische Bergbauatmosphäre. Dann folgen wir dem Lehrpfad am Knappenberg zu den Mundlöchern, den Resten von Grubengebäuden, an einem Lawinenschutzwall vorbei und auf einem Waalweg bis hinauf zum Rötkreuz auf 2080 m. Eine Erholungsstation für Allergiker ist in Prettau ein Klimastollen, in dem ca. 1100 m tief im Berginneren die Luft pollenfrei ist.

Infos in Kürze

Die Mineralien- und Bergbaumuseen-Tour (Info S. 119) lässt sich gut an einem Tag machen. Für die Besichtigungen inklusive Wanderung auf dem Lehrpfad, bei dem immerhin fast 600 Höhenmeter bewältigt werden, sind zwei Tage vorzusehen.

Von Bruneck aus gibt es Busverbindungen ins Ahrntal.

Bergbaumuseum im Kornkasten, Steinhaus

EINKEHR

Bei Sand in Taufers lohnt sich ein kleiner Abstecher Richtung Reintal zum Naturhotel Moosmair in Ahornach. Im dazugehörenden **Restaurant Arcana** betreiben Anneres und Helmuth Ebenkofler ein Kräuterrestaurant – nicht etwa für Asketen, sondern für Genießer, die ganz besondere Gerichte mit Alpenkräutern schätzen. Sand in Taufers, Ahornach 44, Di u. Mi Mittag Ruhetag, Tel. 0474 678046, www.restaurant-arcana.it

Bei Kasern endet die allgemein befahrbare Straße des Ahrntals. Dort liegt das **Berghotel Kasern** mit seiner romantischen Fassade. In der Stube kräftigen Südtiroler Gerichte Leib und Seele, und wer von dort aus zu längeren Wanderungen aufbrechen möchte, kann in den Zimmern bestens nächtigen. Prettau, Kasern 10, kein Ruhetag, Tel. 0474 654185, www.kasern.com

Porphyr aus Branzoll

Die bedeutendsten Porphyr-Vorkommen der Welt befinden sich in Südtirol und treten vor allem im Unterland weithin sichtbar an den steilen und unbesiedelten Osthängen zutage. Auf halbem Weg zwischen Bozen und Auer liegt der Ort Branzoll. Schon im 12. Jh. ein wichtiger Ort mit Floßhafen an der Etsch, von dem aus Güter nach Süden verschifft wurden, ist Branzoll im 19. Jh. mit dem Export des Porphyrs zu neuer Bedeutung gelangt. Das vulkanische Gestein aus den Steinbrüchen am Göllerberg galt als eines der schönsten Europas. Nach dem Bau der Eisenbahnstrecken Verona–Trient–Bozen (ab 1854) und der Brennerbahn (1867) konnten die begehrten Porphyr-Steine in die gesamte k. u. k. Monarchie ausgeführt werden. Im übrigen erhielt Südtirol mit der Bahnlinie München–Verona über den Porphyr-Export hinaus wieder seine Bedeutung als die wichtigste Verbindung zwischen Süden und Norden zurück. Zuvor war das Land durch den Bau der Semmeringbahn Wien–Triest und der Gotthardbahn ins Abseits geraten, denn die Verkehrsströme liefen mit dem neuen Verkehrsmittel an Südtirol vorbei. Nun war Südtirol wieder in die allgemeine Wirtschaftsentwicklung Mitteleuropas eingebunden, und es begann eine Blütezeit für den Obst- und Weinexport, ebenso für Erze und Gestein, wie eben den Porphyr aus Branzoll. In den Städten der ehemaligen k. u. k. Monarchie war das Porphyr-Pflaster aus Branzoll fast überall zu finden. Heute wird der Stein vorwiegend in historischen Ortsteilen Südtirols als Pflasterung eingesetzt.

NÜTZLICHE ADRESSEN MIT ÖFFNUNGSZEITEN

Bergbauwelt Ridnaun-Schneeberg
Maiern 48
39040 Ridnaun
Tel. 0472 656364,
www.bergbaumuseum.it
April–Okt. Di–So 9.30–16.30 Uhr
(Aug. auch Mo)
Führungen von 2–10 Stunden nach Anmeldung

Marmorführung Laas
Juni und Okt. Sa und Juli–Sept.
Di und Do, Beginn: 13.30 Uhr
Anmeldung am Vortag bis 17 Uhr:
Tourismusverband Vinschgau,
Tel. 0473 626342

Mineralienmuseum Alpine Schätze
St. Johann 3
39030 Ahrntal
Tel. 0474 652145
www.mineralienmuseum.com
April–Okt. tägl. 9.30–12, 15–18.30 Uhr
Nov.–März tägl. 15–18 Uhr

Pfunderer Berg, Elisabethstollen
Führungen April–Okt. Di und Do 10 Uhr, So 14 Uhr
Anmeldung im TV Villanders,
Tel. 0472 843121

Südtiroler Bergbaumuseum Prettau
Hörmanngasse 38A
39030 Prettau
Tel. 0474 654298
www.bergbaumuseum.it
Führungen April–Okt. Di–So
9.30–16.30 Uhr

Südtiroler Bergbaumuseum Steinhaus
Steinhaus 99
39030 Ahrntal
Tel. 0474 651043
www.bergbaumuseum.it
April–Okt. Di–So 9.30–16.30 Uhr
(Do bis 22 Uhr), Aug. auch Mo

Schloss Wolfsthurn
Jagd- und Fischereimuseum
Mareit 5
39040 Mareit/Ratschings
Tel. 0472 758121
www.provinz.bz.it/volkskundemuseen
April–15. Nov. Di–Sa 9.30–17.30 Uhr
Sonn- und Feiertags 13–17 Uhr

Im Bergbaumuseum in Steinhaus

TV Klausen
Tinneplatz 6
39043 Klausen
Tel. 0472 847424, Fax 0472 847244
info@klausen.it
www.klausen.it

TV Schlanders – Laas
Göflanerstr. 27
39028 Schlanders
Tel. 0473 730155, Fax 0473 621615
info@schlanders-laas.it
www.schlanders-laas.it

TV Sterzing
Stadtplatz 3
39049 Sterzing
Tel. 0472 765325, Fax 0472 765441
info@infosterzing.com
www.sterzing.com

TV Villanders
St. Stefan 120
39040 Villanders
Tel. 0472 843121, Fax 0472 843347
info@villanders.info
www.villanders.info

ZWISCHEN KELLER UND KELCH

In Südtirol ist die Rebe seit über zwei Jahrtausenden beheimatet. Schon in der römischen Kaiserzeit wurde „rätischer Wein" geschätzt. Bevor Südtirol nach dem Ersten Weltkrieg zu Italien kam, betrug die Anbaufläche noch ca. 10.000 ha. Dann aber, mit dem Verlust des österreichischen Binnenmarktes und mit der Verbauung der landwirtschaftlichen Nutzflächen in den letzten Jahrzehnten, schrumpfte die Anbaufläche auf etwa 5.000 ha. Weniger als 1 % der italienischen Weine kommen aus Südtirol, dem nach Aosta kleinsten Weinbaugebiet Italiens. Doch immerhin werden hier über 20 Sorten angebaut, die sich mit den Spitzenweinen Italiens messen können. Für viele Betriebe stellt der Weinbau einen Nebenerwerbszweig dar. Sie keltern die Weine nicht mehr selbst, sondern verkaufen die Trauben an Genossenschaften und Privatkellereien. Seit einigen Jahren versuchen aber wieder viele Weinbauern erfolgreich ihr Glück als Eigenbauwinzer. Durch Zukauf oder Pacht sind dabei größere Rebflächen entstanden, für die eine eigene Kellerwirtschaft sinnvoll ist. Die Eigenbauwinzer sind damit, neben den Genossenschaften (60 % der Produktion) und den Privatkellereien (30 % der Produktion), die dritte Gruppe der Südtiroler Weinproduzenten.

Seit den 70er Jahren sorgt zudem eine neue Generation von hochqualifizierten und ehrgeizigen Kellermeistern für einen Umschwung von Quantität auf Qualität. Südtiroler Weine erhalten inzwischen im Verhältnis zur geringen Anbaufläche die meisten Auszeichnungen in ganz Italien, vor allem für die Weiß- und Rotweine autoch-

Weinlese

thoner Rebsorten wie Gewürztraminer, Vernatsch und Lagrein. Dazu trägt auch das besondere Klima bei: Warme Tage werden von kühlen Nächten abgelöst, sodass sich der Stoffwechsel der Reben verlangsamt und zu harmonischer Reife führt. Durch die Talwinde erhalten die Weinberge eine gute Durchlüftung. Diese sind wegen der geringen Niederschläge und der rund 300 Sonnentage fast durchweg mit Tropfbewässerung ausgestattet. Bei der Bodenbeschaffenheit – dem „Terroir" – weist Südtirol mit den Vorkommen von Porphyr im Bozner Becken, Quarzphyllit im Eisacktal sowie Kalk, Dolomit und sandigem Mergel im Unterland markante Unterschiede auf, die den Wein mit feiner Mineralität prägen.
Wenn es einen „typischen" Südtiroler Wein gibt, dann ist er von feiner Fruchtigkeit, die vom zarten Apfel- und Birnenton des Weißburgunders über das Mandelaroma und den Veilchenduft der Vernatsch-Weine bis zum Blauburgunder mit seinem Kirscharoma und würzigen Unterton geht. Die einfachen Weine sind unkompliziert und werden jung genossen. Aber auch gehaltvolle dunkle Rotweine und Cuvées aus Blauburgunder, Merlot, Cabernet und Lagrein, die nach der Vergärung in Barriquefässern reifen und lange lagerfähig sind, wurden in den letzten Jahren gekeltert. Bei den Weißweinen ist neben den Sorten Weißburgunder, Müller-Thurgau, Kerner, Veltliner und Sylvaner mit Gewürztraminer, Sauvignon, Chardonnay und neuerdings auch Riesling eine Spitzenklasse entstanden, die vor allem wegen ihrer fruchtigen Frische zu den besten Italiens gehört. Übrigens ist die älteste Rebe Südtirols ungefähr 350 Jahre alt. Es handelt sich um die alte Weißweinsorte Versoaln, die auf Schloss Katzenzungen bei Prissian unter der Patenschaft der Gärten von Trauttmansdorff wächst.

Josephus Mayr, Unterganznerhof, Kardaun

AUF DEM KALTERER WEINWEG 16

Kaltern an der Südtiroler Weinstraße zählt zu den größten Weinbaugemeinden Südtirols. Die Hänge erstrecken sich bis zum Kalterer See. In diesem weltbekannten Weindorf haben kreative Köpfe die Marketing-Genossenschaft „wein.kaltern" gegründet. Zu deren Konzept gehören auch die Weinwege durch die bekanntesten Rotwein- und Weißweinlagen um Kaltern, über die in den Boden eingelassene Schwellen informieren.

Mit Aussicht auf die malerische Landschaft beginnt unsere Wanderung in Oberplanitzing, einem Ortsteil Kalterns an der Grenze zu Eppan. Von der Kirche aus folgen wir dem Garnellenweg (Nr. 15) durch die Weiß- und Rotweinlagen Steig, Trifall und Klavenz und vorbei am Renaissance-Ansitz Drescherkeller zum Marktplatz Kaltern. Dort wurde im ehemaligen „Doktorhaus" von 1587 das moderne Weinhaus „Punkt" eingerichtet. Von der Goldgasse und über den Barleiter Wanderweg (Nr. 12) durchstreifen wir die Weinlagen Kaltschidron, Panigl und Putzmauer zum Castel Ringberg, erbaut 1652, erst Jagdschlösschen, dann Weinmuseum und heute Restaurant. Nach den Rotweinlagen Ringberg und Kaltenburg erreichen wir die Ansitze Kaltenburg und Ehrenhausen mit der Kellerei Manincor des Grafen Goëss-Enzenberg, der seine hochmoderne

Kellerei unterirdisch in den Weinberg einfügen ließ. Durch die Weinlagen Manincor, Lavason, Plantaditsch, Untermazzon und Windegg wandern wir wieder in den Ortskern von Kaltern zurück. Die Pfarrkirche Maria Himmelfahrt wurde erstmals 1191 erwähnt und erhielt Ende des 18. Jh. ihr barockes Gepräge. Der Kirchturm (14. Jh.) ist neben dem See das Wahrzeichen Kalterns. Noch einmal zieht es uns in die Goldgasse mit den Gasthäusern „Weißes Rössl", „Roter Adler" und der Bar „Zum lustigen Krokodil" im Stil der 50er Jahre. Sie alle befinden sich in stattlichen Gebäuden aus dem 16. Jh. Im Weinmuseum (Info S. 131) gegenüber können wir noch mehr zum Thema Wein erfahren, bevor wir zu unserem Ausgangspunkt nach Oberplanitzing zurückspazieren.

Infos in Kürze

Einfache Familienwanderung ohne Schwierigkeit durch die Weinberge und das Weindorf Kaltern.
ca. 3 Stunden
Höhenunterschied: ca. 250 m

Herbst
P bei der Kirche in Oberplanitzing
Busverbindungen nach Kaltern und zwischen Kaltern–Oberplanitzing, www.sii.bz.it

EINKEHR

Siegi's Essen und Trinken: Im Ortsteil Oberplanitzing hat Familie Andergassen gegenüber der Kirche ein winziges Dorfgasthaus eröffnet. Christian bereitet hinter der Theke für alle sichtbar sehr feine Gerichte zu, die seine Frau Annelies freundlich serviert. Der kleine Raum ist so gemütlich, dass die Gäste hier gern länger verweilen. Kaltern, Oberplanitzing 56, Mo und Di Mittag Ruhetag, Tel. 0471 665721, www.siegis.it

Weingut Manincor, der Keller im Weinberg

Der Renaissance-Ansitz der Winzerfamilie Walch, **Castel Ringberg**, liegt mitten im Weinberg und bietet einen herrlichen Ausblick über den Kalterer See zum Mitterberg mit der Leuchtenburg. Hier kocht Stefan Unterkircher einfach meisterlich, und Claudia Pitscheider bereitet köstliche Desserts und feine Pralinen zu! Kaltern, St. Josef am See 1, Di Ruhetag, Tel. 0471 960010, www.castel-ringberg.com

Eichenholzfassade der Kellerei Schreckbichl, Girlan

Weinarchitektur in Südtirol

Der Wandel von der Massenproduktion früherer Jahre zur heutigen Spitzenklasse Südtiroler Weine verändert auch die Architektur der Kellereien. Zum Wein passt eben ein Lebensstil, der gute Architektur und modernes Möbeldesign, von Künstlerhand gestaltete Etiketten und zarte Riedel-Gläser zum Verkosten mit einschließt – dieser Erkenntnis folgen die Weingüter mit kreativen Ideen für den Direktverkauf. So sind einige architektonisch bemerkenswerte Kellereien entstanden. Alois Lageder (Tel. 0471 809500, www.lageder.com) in Margreid erzielt höchste Qualität mit modernster Kellertechnik (Arch. Abram+Schnabl). Die Kellerei Manincor (Tel. 0471 960230, www.manincor.com) in Kaltern wurde unterirdisch in die empfindliche Landschaft eingefügt (Arch. Angonese, Köberl, Boday). Die Kellerei Hofstätter (Tel. 0471 860161, www.hofstatter.com) passt sich mit einem holzverschalten Turm (Arch. Walter Angonese) harmonisch neben der Pfarrkirche Tramin ein. Auch die ästhetische Umkleidung der Kellereigebäude Schreckbichl (Tel. 0471 664246, www.schreckbichl.it) in Girlan (Arch. Gerd Bergmeister) und der Anbau an die Eisacktaler Kellerei (Tel. 0472 847533, www.eisacktalerkellerei.it) in Klausen (Arch. Markus Scherer) sind dazuzurechnen. Die Kellerei Tramin (Tel. 0471 860126, www.tramin-wine.it) lässt sich ebenfalls ihre Gebäude umbauen (Arch. Werner Tscholl) und weitere Kellereien folgen. Besonders gelungen: das Winecenter (Tel. 0471 966067, www.winecenter.it) der Kellerei Kaltern (Arch. feld72). Südtirol eignet sich als Reiseziel zum Thema Architektur und Wein!

TÖRGGELEWANDERUNG INS LAJENER RIED 20

Der Brauch des „Törggelens“, also des Verkostens von neuem und altem Wein direkt bei den Weinbauern, stammt ursprünglich aus dem Eisacktal. Hier folgen wir den Spuren des Minnesängers Walther von der Vogelweide ins Lajener Ried und genießen in den Stuben der zahlreichen Buschenschänken die bäuerliche Gastfreundschaft. Deshalb ist die eigentliche Wanderzeit kurz, und das Auto bleibt am besten zu Hause!

St. Katharina im Ried

Vom Bahnhof Waidbruck aus folgen wir steil bergauf dem Weg Nr. 35, kreuzen zweimal die Fahrstraße in Unterried, bevor wir zum Unterfinser Hof (Buschenschank, Tel. 0471 654385) kommen. Weiter aufwärts steigend, nähern wir uns Innerried, dem Ziel unseres Törggeleausflugs. Dort können wir noch die hübsch gelegene kleine Kirche St. Katharina im Ried (von 1343) mit Fresken der Brixner Schule aufsuchen, bevor wir uns in einer der benachbarten Buschenschänken niederlassen. Dort verwöhnen uns die Winzerfamilien mit Eigenbauweinen und kräftiger, bäuerlicher Kost wie Schlutzkrapfen, Gerstsuppe, Hauswurst, Selchkarree, gerösteten Kastanien, Tirtlen und Krapfen. In fröhlicher Gesellschaft, bei Musik und Gesang wird das Törggelen bisweilen zum richtigen Fest. Die beste Törggelezeit ist etwa in den Monaten von September bis Anfang Dezember. Außerhalb dieser Monate empfiehlt es sich anzufragen, ob geöffnet ist, denn die Winzer dürfen höchstens während sechs Monate im Jahr ihren Wein ausschenken. Auf dem weiteren Weg nach Lajen kommen wir an den zwei Vogelweiderhöfen vorbei. In einem davon wird das Geburtshaus von Walther von der Vogelweide vermutet. Es wurde 1985 vorbildlich renoviert, und in den Gästebüchern findet sich wegen des berühmten Minnesängers so manch bekannter Name. Unser kleiner Ausflug endet am schönen Dorfplatz von Lajen, wo neben dem alten Ansitz Zehentnerhof (Apartments, Tel. 0471 655040, www.zehentnerhof.com) der gemütliche Gasthof zur Krone (Tel. 0472 655635, www.lajen.com) in seine schönen, alten Stuben einlädt.

Weißweinwunder Eisacktal

Unter den Weingebieten Südtirols fällt das Eisacktal durch zwei Besonderheiten auf: Von den ca. 5.000 ha Rebfläche Südtirols entfallen nur rund 250 ha auf das Eisacktal. Während landesweit im Durchschnitt 65 % Rotwein und 35 % Weißwein produziert werden, ist das Eisacktal vor allem ein Weißweingebiet. Hier war traditionell der Sylvaner vorherrschend. In letzter Zeit sind mehr Müller-Thurgau, Kerner, Veltliner und Riesling mit Anspruch auf DOC dazugekommen. Einziger DOC-Rotwein ist der Klausner Leitacher. Die Buschenschänken bieten wegen der Nachfrage auch in geringem Umfang eigenen „Roten“ an, z. B. aus Zweigelt und Portugieser. Steile, sonnige Hänge mit starker Erwärmung am Tage und erheblicher Abkühlung in den Nächten, gute Durchlüftung mit Talwinden und die Böden aus Porphyr oder Quarzphyllit sind für Weißwein ideal, auch wenn sie nährstoffarm sind und es nur wenig regnet. Dazu kommt der Fleiß der Winzer, welche die unerlässliche Handarbeit in den bis zu 60° geneigten Weingärten nicht scheuen. Das Ergebnis sind frische, saftige Weine, die in den letzten Jahren viele Freunde gefunden haben. 2007 prämierte der italienische Weinführer „Gambero Rosso“ 24 Weißweine Italiens mit der höchsten Auszeichnung „Drei Gläser“. 14 davon hat allein das kleine Weinbaugebiet Südtirol erhalten, und 8 davon gingen an Eisacktaler Winzer. Deren Produktion verteilt sich auf eine Genossenschaft, eine Privatkellerei und ein Dutzend Eigenbauwinzer, die in den letzten Jahren höchste Qualität erreicht haben.

Am Bioweinhof Radoar in Feldthurns

Infos in Kürze

Leichte Törggeletour von Waidbruck nach Lajen.
2 Stunden
Höhenunterschied: 631 m
Herbst
P am Bahnhof Waidbruck

Zug bis Waidbruck, mit dem Bus von Lajen zurück. Alternativ: „ernüchternder“ Fußweg von 1¼ Stunden hinunter ins Tal.

Hof im Lajener Ried

EINKEHR

Buchnerhof: In der Stube aus dem 17. Jh. tischt die Familie Schenk schwarzplentene Knödel und gebratene Rippelen auf sowie weiße Eigenbauweine (Müller-Thurgau, Kerner, Gewürztraminer) und rote Cuvées aus Portugieser, Zweigelt oder Lagrein. Lajen, Ried 144, Mitte Sept.–Mitte Dez. ab 12 Uhr, Mo Ruhetag. Mitte Jan.–Ostern ab 16 Uhr, kein Ruhetag, Tel. 0471 655829

Putzerhof: Familie Runggatscher verwöhnt mit Erdäpfelblattlen und Tirtlen zum Sylvaner und roten Cuvées. Lajen, Ried 127, Mitte Sept.–Mitte März, kein Ruhetag, Tel. 0471 655785

Oberfinserhof: In ihrem 700 Jahre alten Hof schenkt Familie Fill roten Eigenbauwein aus Furner- und Portugieserreben zu Surfleisch mit Kraut und anderen Köstlichkeiten aus. Lajen, Ried 151, Mitte Sept.–Mitte Dez. mittags und abends, kein Ruhetag, Tel. 0471 654398

AUF DEN SPUREN DES BLAUBURGUNDERS 18

Der Blauburgunder stammt ursprünglich aus Frankreich (pinot noir). Seit über 120 Jahren in Südtirol heimisch, befinden sich die herausragenden Lagen dieser empfindlichen und schwierig zu behandelnden Rebe im Süden der Region, in Mazzon, Montan und Pinzon. Die dort gekelterten Weine zählen zu den besten Blauburgundern Italiens. In zwei dieser idyllischen, ruhigen Winzerdörfer bringt uns eine weinselige Wanderung.

Montan liegt oberhalb des reizvollen Berghügels Castelfeder, auf der östlichen Talseite des Unterlandes. Vom Parkplatz am Ortseingang schlagen wir den ebenen Weg über die kaum befahrene Straße nach Pinzon ein, die uns gleich durch die Weinberge der besten Blauburgunderlagen führt. Etwa eine halbe Stunde sind wir bis zu diesem hübschen Weindorf unterwegs. Am mit Kastanien bestandenen Dorfplatz von Pinzon ist die Kirche St. Stephan sehenswert. Sie ist mit Außenfresken geschmückt und enthält einen der kunstgeschichtlich interessantesten Flügelaltäre Südtirols: den Schnitzaltar von Hans Klocker, der um 1490 entstanden ist. Er atmet mit dem ruhigen und statuarischen Nebeneinander der Einzelskulpturen noch den Geist der reinen Gotik. Wir folgen der schmalen Straße (Markierung 5)

Gasthof Zur Rose in Montan

Richtung Glen und genießen auf der Terrasse von Franco Grubers Buschenschank Wasserfall (Tel. 0471 819625) hausgemachten Speck und Eigenbauwein. Danach steigen wir zum beeindruckenden Wasserfall des Trudener Bachs herab, bevor wir noch ein kurzes Stück auf Weg Nr. 5 bis zu einem Wegkreuz hinauf wandern. Dort halten wir uns links und folgen nunmehr der Markierung 4 durch Glen und in die höheren Lagen der Weinberge (ca. 600 m), bis wir den Schlosswald erreichen. Das darin eingebettete Schloss Enn ist im 12. Jh. entstanden, seit 1650 im Besitz der gräflichen Familie Zenobio-Albrizzi aus Venedig und kann nicht besichtigt werden. Einmal im Jahr, Mitte August, öffnet es seine Tore zu einem Konzert der Musikkapelle Montan. Von hier gelangen wir in wenigen Minuten hinab zum Kirchplatz von Montan.

Dorfplatz in Pinzon

Infos in Kürze

Einfacher Spaziergang durch die Weinberge für die ganze Familie.
knapp 2 Stunden
Höhenunterschied: 370 m
im Herbst zur Weinlese.

P in Montan, großer Parkplatz am Ortseingang
Busverbindungen von Auer und Aldein, www.sii.bz.it

EINKEHR

Das traditionelle **Gasthaus Zur Rose** hat sich aus der „guten alten Zeit" unverändert hinübergerettet. Am Tresen und in der Stube sind wir unter Einheimischen und Weinbauern, deren vorzüglicher Blauburgunder hier preiswert ausgeschenkt wird. Einfache Südtiroler Gerichte, die auch auf der ruhigen kleinen Terrasse serviert werden. Montan, Kirchplatz 17, Mi Ruhetag, Tel. 0471 819564

Familie Pichler hat den **Gasthof Goldener Löwe** aus dem 14. Jh. sorgfältig renoviert. In der Bar mit Caféterrasse zum Dorfplatz geht es lebhaft zu. Im Obergeschoss unter den gotischen Bögen im Restaurant wird gepflegt gespeist und auch im kleinen Innenhof wird serviert. Hübsche Zimmer. Montan, Kirchplatz 11, Do Ruhetag, Tel. 0471 819844, www.goldenerloewe.it

Tramin mit St. Jakob in Kastelaz

Autochthone Reben in Südtirol

Ein Drittel des Südtiroler Weins kommt von der hier heimischen (autochthonen) Vernatschrebe, die als „Trollinger" (Tirolinger) auch in Baden-Württemberg zu finden ist. Es ist die klassische Traube des „Törggeleweins", die früher als Massenprodukt ausschließlich auf der Pergel gezogen wurde. Für Neuanpflanzungen werden heute Drahtrahmen verwendet und der Ertrag eingeschränkt. Die Rebe mit über 1000 Jahre alter Geschichte und vielen Mutanten wird heute fast ausschließlich als Groß- oder Edelvernatsch angebaut. Um dem nach Veilchen und Mandeln duftenden, hellroten Wein mehr Farbe zu geben, kann er mit bis zu 15 % Lagrein oder/und Blauburgunder verschnitten werden. Aus der ausschließlich als „Färber" dienenden Rolle ist der Lagrein inzwischen aber längst hinausgewachsen. Diese autochthone Rebsorte ist wohl noch älter als der Vernatsch. Er ist mit dem Teroldego des Trentino verwandt und bringt ebensolche dunklen Weine hervor. Er benötigt warme, gut entwässernde, kieshaltige Böden, die er vor allem in Bozen-Gries findet. Dort erreicht dieser leicht nach Schokolade duftende Wein die besten Ergebnisse. Die dritte heimische Sorte ist der Gewürztraminer, dessen Ursprung im Südtiroler Weindorf Tramin vermutet wird. Er bringt körperreiche Weine hervor mit niedriger Säure und dem Duft nach Rosen, Salbei und Feigen, der sich in den seltenen Spätlesen (Passito) zu voller Pracht, Würze und Süße entfaltet. Die Südtiroler Gewürztraminer im Eisacktal sind elegant, fruchtig und weisen eine feine Säure auf. Damit stehen sie für Kenner einzigartig dar.

NÜTZLICHE ADRESSEN MIT ÖFFNUNGSZEITEN

Freie Weinbauern Südtirol
Bozner Str. 3
39018 Terlan-Siebeneich
Tel. 0471 238002
www.fws.it

Oberschule für Landwirtschaft
Happacher Hof, Schlossweg 10
39040 Auer
Tel. 0471 810538
www.ofl-auer.it

Sommeliervereinigung Südtirol
Südtiroler Str. 60
39100 Bozen
Tel. 338 6189645
www.sommeliervereinigung.it

Südtiroler Weinmuseum
Goldgasse 1
39052 Kaltern a. d. Südtiroler Weinstraße
Tel. 0471 963168
www.provinz.bz.it/volkskundemuseen
Di–Sa 10–17 Uhr, So und Feiertags 10–12 Uhr

Die Weingüter Südtirols
Pfarrgasse 13
39100 Bozen
Tel. 0471 973388
www.dws.bz

TV Auer/Montan/Neumarkt
Hauptplatz 5
39040 Auer
Tel. 0471 810231, Fax 0471 811138
info@castelfeder.info
www.castelfeder.info

TV Brixen
Bahnhofstr. 9
39042 Brixen
Tel. 0472 836401, Fax 0472 836067
info@brixen.org
www.brixen.org

Tourismusverband Eisacktal
Großer Graben 26a
39042 Brixen
Tel. 0472 802232, Fax 0472 801315
info@eisacktal.info
www.eisacktal.info

TV Kaltern am See
Marktplatz 8
39052 Kaltern a. d. Südtiroler Weinstraße
Tel. 0471 963169, Fax 0471 963469
info@kaltern.com
www.kaltern.com

TV Klausen
Tinneplatz 6
39043 Klausen
Tel. 0472 847424, Fax 0472 847244
info@klausen.it
www.klausen.it

TV Lajen
Walther-von-der-Vogelweide-Straße 30b
39040 Lajen
Tel. 0471 655633, Fax 0471 655566
info@lajen.info
www.lajen.info

TV Naturpark Trudner Horn
Am Kofl 2
39040 Truden
Tel. 0471 869078, Fax 0471 869278
info@trudnerhorn.com
www.trudnerhorn.com

TV Südtiroler Unterland
Schweigglplatz 8
39040 Kurtatsch
Tel. 0471 880100, Fax 0471 880451
info@suedtiroler-unterland.it
www.suedtiroler-unterland.it

Verband der Kellereigenossenschaften Südtirols
Crispistr. 15
39100 Bozen
Tel. 0471 978528

wein.kaltern Genossenschaft
Marktplatz 8
39052 Kaltern a. d. Südtiroler Weinstraße
Tel. 0471 965410, Fax 0471 963469
info@wein.kaltern.com
www.wein.kaltern.com

SPAGHETTI ODER KNÖDEL?

Auf der Südtiroler Speisekarte verbinden sich die Einflüsse einer ursprünglich bäuerlichen Küche mit jenen der deutsch- und italienischsprachigen Nachbarn zu einer Vielfalt von besonderer Charakteristik. Nudelgerichte und Knödel schließen sich nicht aus, sondern bilden ein verführerisches Nebeneinander. Dabei folgt man neben den „deutschen" Tellergerichten gerne der italienischen Speisefolge des „antipasto" (Vorspeise), „primo" (erster Gang), „secondo" (Hauptgericht) und „dolce" (Nachspeise) – die Nudelgerichte bilden dann meist den ersten Gang. Zu den warmen Vorspeisen zählt neben Nudeln aller Art – wie Spaghetti, Tagliatelle, Tortellini, Ravioli oder deren Südtiroler Variante, den Schlutzkrapfen (Teigtaschen mit Spinat und Topfen gefüllt) – eben auch der Klassiker der Südtiroler Küche, der Knödel. Es gibt ihn als Speck- oder Leberknödel in der Fleischbrühe, als Tris – also je ein Speck-, Käse- und Spinatknödel mit zerlassener Butter und geriebenem

Johnson & Dipoli, Neumarkt

Speckknödel

Parmesan – oder dann als Semmelknödel zum Braten oder geselchtem Fleisch mit Kraut. Eine Besonderheit im Südtiroler Speiseplan ist die „Marende", eine Zwischenmahlzeit am Nachmittag. Dazu wird neben würzigem Almkäse auch der Südtiroler Speck serviert – fein geschnitten oder am Stück. Das Gütesiegel dieses leicht geräucherten Rohschinkens ist die geschützte Herkunftsbezeichnung „Südtiroler Speck GGA" (geschützte geografische Angabe). Speck kommt oft auch beim Törggelen auf den Tisch. Das Törggelen bezieht seinen Namen von der alten hölzernen Traubenpresse, der Torggl, und ist zur Weinernte mit einer Wanderung zu den Buschenschänken der Weinbauern verbunden, wo neben Speck und Wein geröstete Kastanien, Kaminwurzen (geräucherte Hartwürste), Schlutzkrapfen, Rippchen vom Schwein („Rippelen"), knoblauchduftende Hauswurst oder Selchkarree, beides mit Kraut, und schließlich Graukäse, der mit Zwiebeln, Essig und Öl angemacht wird, angeboten werden. Auffällig ist die Vielfalt im Brotkorb von Vinschger Paarlen aus Roggenmehl, die paarweise gebacken werden, über Pusterer Breatln aus Roggen- oder Weizenmehl bis hin zum knackigen, harten Schüttelbrot oder den italienischen Sorten wie ungesalzenem toskanischen Weißbrot. Ein Hauch von Donaumonarchie umweht die Desserts wie den Kaiserschmarren und die Topfen- oder Marillenknödel. Im Herbst locken Süßspeisen wie der Kastanienreis und in der Vorweihnachtszeit Stollen und Früchtebrot, die saftigen „Zelten" mit Rosinen, Datteln, getrockneten Feigen, Nüssen und Pinienkernen. Zum Kaffee stellt sich die Wahl zwischen Apfelstrudel, Buchweizentorte und anderen Köstlichkeiten. Bei Dorffesten und den Kirchtagsfeiern duftet es verführerisch nach Krapfen und Strauben. Die Südtiroler Wirte decken ein breites gastronomisches Spektrum ab: von modernen Bars, in denen man sich zum schnellen Espresso oder einem Prosecco trifft, über gemütliche Kaffeehäuser bis zu eleganten Vinotheken mit großer Weinauswahl, von der Pizzeria, den Buschenschänken und bodenständigen Gasthäusern bis hin zu den Restaurants der Luxuskategorie, in denen sich fast siebzig Haubenköche erfolgreich und kreativ um die Verfeinerung der Südtiroler Küche auf der Basis heimischer Produkte und Rezepte kümmern (siehe Gastronomieführer „GaultMillau 2008", Ausgabe Südtirol).

Villanders

AUF DEM VILLANDERER TÖRGGELESTEIG 21

Um dem ursprünglichen Brauch des Törggelens auf die Spur zu kommen, wählen wir den Villanderer Törggelesteig über dem Eisacktal zu einer kurzen, aber genussreichen Wanderung durch die herbstlich-golden gefärbten Weinberge mit weitem Blick hinüber zu den Dolomiten und kehren unterwegs in einigen Weinbauernhöfen ein, in denen wir mit Eigenbauweinen und kräftigen bäuerlichen Gerichten verwöhnt werden.

Wir beginnen unsere Wanderung in der Ortsmitte von Villanders, in der Kirchgasse von St. Stephan, die auch als Defreggergasse bezeichnet wird, weil sie zur Vorlage für Defreggers berühmtes Gemälde „Das letzte Aufgebot" zum Tiroler Freiheitskampf gegen die Franzosen diente. Hier befindet sich auch der eindrucksvolle Ansitz der Herren von Villanders (15. Jh.), der in der Renaissance in seine heutige Form gebracht und nun sensibel in das Hotel „Zum Steinbock" umgewandelt wurde. Von hier gelangen wir zur Pfarrkirche St. Stephan aus dem 16. Jh. und der angrenzenden, 1344 erbauten gotischen Michaelskapelle. Im Friedhof stehen die schmiedeeisernen Kreuze auffälligerweise umgekehrt am Kopfende der Gräber, sodass Besucher und die

Blick auf Sauders/ St. Moritz

Verstorbenen symbolisch nach Osten zum Sonnenaufgang blicken können. Unser Weg ist als Törggelesteig ausgeschildert und führt uns leicht bergab, zwischen den Häusern hindurch und dann am Hang entlang zum Ortsteil Sauders. Dort finden wir an der Kirche den Larm-Hof (Tel. 0472 843163) und den Winklerhof (Tel. 0472 843105). Dann kurz auf gleichem Weg zurück und über einen Pfad durch den Wald steil hinab zur Straße, auf der wir den Pschnickerhof (Tel. 0472 843498) erreichen. Wieder zurück bis zur Abzweigung geht es nach rechts zum Oberpartegger (Tel. 0472 847869) und weiter zum Oberfurnerhof (Tel. 0472 843332), in dem sich eine der schönsten bemalten Stuben im Eisacktal befindet. Auf steilem Weg kehren wir zum Ausgangspunkt zurück. Die Buschenschänken sind nicht immer geöffnet – am besten vorher anrufen!

EINKEHR

Wer es gepflegt mag, ist in den schönen alten Räumen des Edelansitzes **Zum Steinbock** als Gast bestens aufgehoben und umsorgt. Das Hotel-Restaurant mit seinen gemütlichen Zimmern und den wunderschön getäfelten Gasträumen ist wirklich etwas Besonderes. Ein junges, engagiertes Team hat unter Hannes Pignater das Restaurant in ein Paradies für Gourmets verwandelt und sich zu Recht eine Haube im Restaurantführer „GaultMillau Südtirol 2008" verdient. Die Küche verfeinert kreativ Südtiroler Gerichte und ergänzt hervorragend die bäuerliche Kost der Buschenschänken unserer Wanderung. Die heutige Spannweite Südtiroler Kochkunst wird so genussreich vermittelt. Villanders, St. Stefan 38, Mo Ruhetag, Tel. 0472 843111, www.zumsteinbock.com

Infos in Kürze

Leichte Wanderung durch Dorf und Weinberge für die ganze Familie.
knapp 2 Stunden
Höhenunterschied: ca. 150 m

September bis November
P beschränkt im Ort möglich
Busverbindung von Klausen, www.sii.bz.it

Eisacktaler Feste

Mit der Zahl festlicher Veranstaltungen ist das Eisacktal rekordverdächtig! Das Gästemagazin des Tourismusverbandes Eisacktal listet sie alle auf (www.eisacktal.info). Im März bildet die Eisacktaler Kost den Auftakt, bei der in vielen Gastbetrieben Spezialitäten wie Weinsuppe, Schwarzplentene Knödel (aus Buchweizenmehl), Bauernschöpsernes (Hammelbraten) u. v. m. angeboten werden. Im Juli folgen die Sterzinger Joghurttage (www.joghurttage.com) mit einem Galadiner in den Gassen der Neustadt. Von Juli bis August füllen die Eisacktaler Straßenküchen die Sommerabende mit Leckerbissen. Beim Treffpunkt Wein (www.brixen.org/treffpunktwein) unter den Lauben von Brixen präsentieren die Eisacktaler Winzer im Sommer ihre neuen Weine. In Sterzing finden dann mittwochs Laternenparties statt (www.sterzing.com) und in Mühlbach die „Mühlbocha Gossnkuchl" – ein kulinarisches und handwerkliches Ereignis (www.gitschberg-jochtal.com). Im Juli/August wird Donnerstag nachts die Brixner Altstadt zum Festplatz für die „Sommeremotionen" (www.brixen.org), die sich gleichzeitig in Klausen „Langer Donnerstag" (www.klausen.it) nennen und im Sept./Okt. als Gassltörggelen fortgesetzt werden. Höhepunkte sind im September das Villnösser Speckfest (www.villnoess.info) und der Südtiroler Brot- und Strudelmarkt in Brixen (www.brotmarkt.org), gefolgt vom Knödelfest in Sterzing, bei dem man an einer Tafel von 300 m Länge Platz nehmen kann (www.knoedelfest-sterzing.com). Überall gibt es Eisacktaler Köstlichkeiten zu genießen!

Gebratene Kastanien

MIT DER VINSCHGERBAHN NACH KASTELBELL 6

Gut essen und trinken im Vinschgau? Kein Problem – die Bahn bringt Sie sicher hin und zurück! Vierzehn Jahre stillgelegt, wurde die Strecke Meran–Mals nach grundlegender Renovierung 2005 wiedereröffnet. Als schnelle Alternative zur stark befahrenen Staatsstraße wurde sie gleich ein Publikumserfolg und bietet allen Komfort, einschließlich Fahrradvermietung für den gut ausgebauten Radweg durch den Vinschgau.

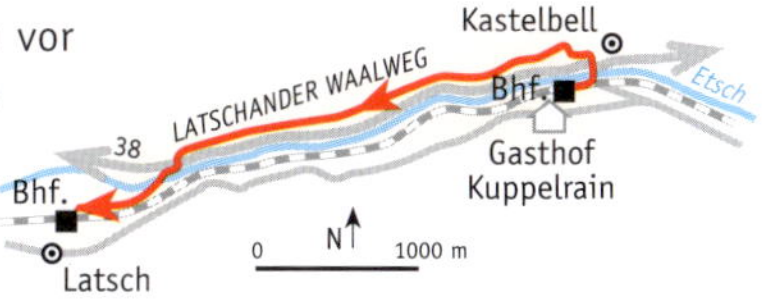

Jahrhundertelang war der Vinschgau vor allem die Kornkammer Südtirols. Erst mit den Transportmöglichkeiten der Vinschger Bahn seit 1906 konnte der Obstanbau so intensiviert werden, dass im Frühjahr die etwa 12 Millionen Apfelbäume ein faszinierendes Blütenmeer bilden. Zum Glück hat aber neben dieser Monokultur der bis Schlanders reichende Weinbau einen viel beachteten Aufschwung genommen. Wegen der Klima-, Höhen- und Bodenverhältnisse entwickeln im Vinschgau auch Spargel, Marillen, Birnen und Erdbeeren einen ganz besonderen, wieder sehr geschätzten Geschmack. In Laas würdigt ein Fest die begehrten Marillen und verbindet im August unter der Bezeichnung „Marmor und Marillen“ kulinarische Angebote aus der goldfarbenen Frucht mit der Ausstellung bildhauerischer Kunstwerke aus dem

Vinschgerbahn mit Schloss Kastelbell

reinweißen Laaser Marmor. Wer aus der Vinschger Bahn in Kastelbell aussteigt, erblickt sofort die malerisch auf einem Felssporn liegende Burg. Direkt am Bahnhof liegt unser kulinarisches Ziel, das Gourmetrestaurant Kuppelrain. Vor der Einkehr gönnen wir uns aber noch eine lohnende Wanderung. Dazu schlagen wir den Weg Nr. 8 und später 8A nach Latsch ein und folgen dem 1873 erbauten Latschander-Waal, der als einer der großen Waale des Vinschgaus heute noch in Betrieb ist. Er zeugt von der Bedeutung des Wassers für die Landwirtschaft in diesem trockenen Landstrich. In Latsch ist in der Spitalkirche der um 1515 von Jörg Lederer geschaffene, prächtige Flügelaltar zu bewundern. Wir fahren mit der Bahn eine Station zurück zu den Genüssen, die uns in Kastelbell erwarten.

Innenhof Schloss Kastelbell

Infos in Kürze

Problemlose Wanderung mit anschließenden Gaumenfreuden.
Insgesamt etwa 4 Stunden
Höhenunterschied: ca. 380 m

Frühjahr (Apfelblüte!) oder Herbst.
P am Bahnhof Kastelbell
Vinschgerbahn von Mals oder Meran.

EINKEHR

Im **Restaurant Kuppelrain**, mit dem hübschen Garten für einen Aperitif mit Blick auf die Burg Kastelbell, zelebriert Jörg Trafoier, modischen Exzessen abhold, seine klassische Kochkunst: die Grundprodukte werden geschmacksintensiv betont und auf kreative Weise interpretiert. Seine Frau Sonya Egger ist Sommelière und Herrin über einen gut bestückten Weinkeller. In den schönen Gasträumen serviert sie die besten Gewächse von den steilen Vinschgauer Weinterrassen am Sonnenberg. Zarter kirschduftender Blauburgunder und Rieslinge mit feiner Säure ergänzen die Gerichte aus einheimischem Fleisch (Lamm!) mit zartem Gemüse, Butter, Käse und selbstgebackenem Brot auf das Beste. Eine bleibende kulinarische Erinnerung! Kastelbell, Bahnhofstr. 16, So und Mo mittags Ruhetag, Tel. 0473 624103, www.kuppelrain.com

Sternekoch Herbert Hintner mit seinem Trüffellieferant

Spitzenköche in Südtirol

Ein gutes Wiener Schnitzel der Südtiroler Küche war nie zu verachten, ebenso wenig wie die übrigen Gerichte von allgemein guter Qualität. In diese lobenswerte Szenerie hat eine neue Generation von Spitzenköchen weitere Abwechslung gebracht. Die Dichte an Sterne- und Haubenköchen in Südtirol ist ebenso bemerkenswert wie ihr Sinn für wechselseitige Inspiration. Die drei Meisterköche Heinrich Gasteiger, Gerhard Wieser und Helmut Bachmann haben gemeinsam das erfolgreiche Buch „So kocht Südtirol“ verfasst. Aber auch die Kochbücher von Anneliese Kompatscher und Herbert Hintner zeugen von ungebrochener Nachfrage nach Südtiroler Rezepten. Ein meisterlicher Interpret einer kreativen Südtiroler Küche ist Norbert Niederkofler vom Restaurant „St. Hubertus“ in St. Kassian. Herbert Hintner vom großartigen Restaurant „Zur Rose“ in Eppan und Gerhard Wieser vom Restaurant „Trenkerstube“ in Dorf Tirol stehen dem in nichts nach. Unter den Frauen ist Anna Matscher hervorzuheben („Zum Löwen“ in Tisens) und dann ganz junge Köche wie Martin Obermarzoner im Klausener Restaurant „Jasmin“, Hannes Pignater im „Steinbock“ in Villanders sowie Stefan Unterkircher und Claudia Pitscheider im „Castel Ringberg“, Kaltern. Aber es blüht noch eine andere „Rose“ in Südtirol: in Kurtatsch. Dort kochen und servieren Arno Baldo und Doris Mayr für ihre Gäste in der schönen Renaissancestube. Noch viele andere hochqualifizierte Chefs, wie Peter Girtler beim „Stafler“ in Mauls, sind zu empfehlen und im jährlich erscheinenden „GaultMillau Südtirol“ (www.gaultmillau.at) zu finden.

ITALIENS KÜCHE IN SÜDTIROL

Unser Spaziergang führt durch die italienischen Küchen. Wir wollen diesmal die kulinarische Geschichte Südtirols im 20. Jahrhundert durchwandern, um die beiden Genuss- und Küchenlandschaften besser zu verstehen. Nichts bringt schließlich unterschiedliche Auffassungen besser zusammen als ein gemeinsames Mahl. Als aufmerksame Gäste an der Tafel tauschen wir dabei die Wanderkarte gegen die Speisekarte aus.

Mit der Angliederung Südtirols an Italien begann eine neue Zeit. Die Bevölkerung kam mit einer anderen Kultur, Sprache und einer neuen Küche in Berührung, der es schnell gelang, sich mit der Tiroler Küche anzufreunden und mit ihr zusammen etwas Neues zu schaffen – beispielhaft für das Zusammenleben beider (Ess-)Kulturkreise. Wohl deshalb, weil beide ähnliche Vorlieben haben: aus natürlichen Zutaten möglichst einfach etwas Nahrhaftes und Schmackhaftes zuzubereiten. Unser kulinarischer Ausflug beginnt bei den vielen Märkten: Die Bauern- und Obstmärkte versorgen ihre Kunden mit den frischen Produkten des Umlandes, einem üppigen Angebot an heimischen und italienischen Gemüsesorten, Obst aus Südtirol, aber auch Südfrüchten wie Zitronen und Orangen aus Sizilien. Die Metzgereien bieten Fleisch aus einheimischer Tierzucht, Südtiroler Speck und Kaminwurzen ebenso an wie *bresaola di Valtellina*, *prosciutto di Parma* und *San Daniele* oder *zampone*. Dazu kommen Fischhandlungen mit frischem Fisch aus

Café in Bozen

Berggewässern oder dem Mittelmeer. Die Feinkostläden warten mit *polenta, riso carnaroli* und vielen Variationen *pasta* mit dazugehörendem *sugo* auf, da finden sich neben *caffè lavazza d'oro* noch getrocknete Steinpilze und *tartufi*. An köstlichen Käsesorten vom Pusterer Graukäse und Ahrntaler Butterkäse oder vom *pecorino* bis zum *parmigiano reggiano* fehlt es nicht. So kann sich jeder – ob mit Vorliebe für die italienische oder Tiroler Küche – ein exquisites Menü zubereiten. Und auf der Suche nach dem dazu passenden Wein kann es sein, dass wir in einer Vinothek bei Schüttelbrot oder *bruschette* hängen bleiben.

EINKEHR

Nilo Sangiorgi begrüßt seine Gäste per Handschlag, und wen er besser kennt, gar mit Umarmung. Sein **Restaurant Lalessandra** hat das Flair eines unprätentiösen Lokals in Rimini, in dem allerdings bestens italienisch gekocht wird. Das gilt von den Spaghetti mit Meeresfrüchten bis zu den typisch italienischen Süßspeisen. Meran, Kasernenstr. 7, So Ruhetag, Tel. 0473 236278

Römisch geht es hingegen in der **Hostaria Argentieri** zu, sowohl bei der familiären Behandlung des Gastes als auch bei den Gerichten mit Fisch- und Fleisch aus Latium, bei *tagliolini con bottarga* oder Jakobsmuscheln mit Lauch und Ingwer. Mit Fisch kann der Koch wahrlich umgehen, und die Desserts wie *panna cotta* sind der italienischen Tradition verpflichtet. Bozen, Silbergasse 14, So Ruhetag, Tel. 0471 981718

Italienische Vorspeisen

Buchempfehlungen

Herbert Hintner: Meine Südtiroler Küche. Folio Verlag, Bozen/Wien

Heinrich Gasteiger, Gerhard Wieser, Helmut Bachmann: So kocht Südtirol. Athesia Verlag, Bozen

Martina Meuth und Bernd Neuner-Duttenhofer: Südtirol. Kulinarische Landschaften. Rolf Heyne Verlag, München

Italienische Restaurants in Südtirol

Gegenüber der bäuerlichen Südtiroler Küche auf Buschenschankbasis scheint die italienische Küche bei den Gästen zunächst einen schweren Stand zu haben. Aber obwohl nur ein Drittel der Südtiroler Bevölkerung italienischsprachig ist, hat sich die klassische italienische Küche so weit durchgesetzt, dass sie auf kaum einer Speisekarte fehlt. Auch italienische Spitzenköche haben sich hier etabliert – wenn auch mehr in den Städten als auf dem Land.

Restaurant Argentieri, Bozen

In Meran zum Beispiel sorgen die Restaurants „Sissi" (Galileo-Galilei-Str. 44, Tel. 0473 231062), „Kallmünz" (Sandplatz 12, Tel. 0473 212917) und „Lalessandra" (Kasernenstr. 7, Tel. 0473 236278) für exzellente mediterrane Speisen. In Bozen gelingt das im „Argentieri" (Silbergasse 14, Tel. 0471 981718), bei den „Fischbänken" von Rino Zullo (Dr.-Streiter-Gasse 28A, Tel. 0471 971714), im „Bocciodromo" (Triester Str. 17, Tel. 0471 917105) oder im „da Cesare" (Perathoner Str. 17, Tel. 0471 972792). In der Landeshauptstadt mit großem italienischem Bevölkerungsanteil gibt es auch zahlreiche Pizzerien wie „La Torcia" in der Altstadt (Gerbergasse 25, Tel. 0471 973 236) oder „Pizzeria Ambiente" (Quireiner Str. 19, Tel. 0471 281124) sowie „da Zio Alfonso" (Drususallee 50, Tel. 0471 286160). Ein Streifzug durch die unzähligen Cafés, Bars und Eisdielen, den *gelaterie* (empfehlenswert: „Avalon", Bozen, Freiheitsstraße 44), vermittelt etwas von der lebhaften, kommunikativen Lebensart des südlicheren Italiens. Da kommt Freude auf!

NÜTZLICHE ADRESSEN MIT ÖFFNUNGSZEITEN

Bike-Shuttle, Radwanderführungen, Radverleih im Vinschgau
Tel. 328 5624345
www.bikeshuttle.it

Buschenschänken (Schankbetriebe)
– Infos:
Südtiroler Bauernbund
K.-M.-Gamper-Str. 5, 39100 Bozen
Tel. 0471 999325
www.roterhahn.it

Fahrplan- und Tarifauskunft für Bus und Bahn
www.sii.bz.it und www.sad.it

„Marmor und Marillen"
www.marmorundmarillen.com

Radverleih und -transport im Vinschgau
Tel. 0473 201500

Tourismusverband Eisacktal
Großer Graben 26a, 39042 Brixen
Tel. 0472 802232, Fax 0472 801315
info@eisacktal.info
www.eisacktal.info

Tourismusverband Vinschgau
Kapuzinerstr. 10, 39028 Schlanders
Tel. 0473 737000, Fax 0473 737011
info@vinschgau.is.it
www.vinschgau.is.it

Verkehrsamt Bozen
Waltherplatz 8, 39100 Bozen
Tel. 0471 307000, Fax 0471 980128
info@bolzano-bozen.it
www.bolzano-bozen.it

TV Kastelbell
Staatsstr. 5, 39020 Kastelbell
Tel. 0473 624193, Fax 0473 624559
info@kastelbell-tschars.com
www.kastelbell-tschars.com

Kurverwaltung Meran
Freiheitsstr. 45, 39012 Meran
Tel. 0473 200443, Fax 0473 200188
info@meraninfo.it
www.meraninfo.it

TV Schlanders – Laas
Göflanerstr. 27, 39028 Schlanders
Tel. 0473 730155, Fax 0473 621615
info@schlanders-laas.it
www.schlanders-laas.it

TV Villanders
St. Stefan 120, 39040 Villanders
Tel. 0472 843121, Fax 0472 843347
info@villanders.info
www.villanders.info

Vinschgerbahn
Tel. 800 846047
www.vinschgerbahn.it

AUSGEWÄHLTE ADRESSEN VON SPITZENRESTAURANTS

Restaurant St. Hubertus
Micura de Rü Str. 20, St. Kassian
Tel. 0471 849500
www.rosalpina.it
Di Ruhetag

Zur Rose
Josef-Innerhofer-Str. 2, Eppan
Tel. 0471 662249
www.zur-rose.com
So und Mo zu Mittag Ruhetag

Zum Löwen
Hauptstr. 72, Tisens
Tel. 0473 920927
www.italien.com/zumloewen
Mo und Di zu Mittag Ruhetag

Fronleichnam in St. Andrä bei Brixen

LEBENDIGE TRADITION

In Südtirol ist sehr viel Brauchtum lebendig. Freude an Musik, kreativer Handwerkskunst sowie Feste und kirchliche Feiern im Jahreskreis sind hier noch fester Bestandteil des täglichen Lebens. Die je nach Tal verschiedenen Trachten mit geklöppelten Bordüren, Miedern und bunten Bändern, oder bei den Herren Westen in unterschiedlichen Farben und bestickten Gürteln werden bei kirchlichen und anderen Festen getragen. Ohne Tracht tritt niemals eine Musikkapelle auf. Vor allem Musik ist in Südtirol lebendige Tradition: In den 116 Gemeinden Südtirols zählen wir 210 Blaskapellen mit rund 9.000 Mitgliedern und fast 400 Chöre mit 10.200 Mitgliedern. Auch das Theaterspiel hat Tradition: 207 Laiengruppen bespielen mit etwa 4.000 Darstellern die Bühnen. Dazu kommen rund 85 Museen, die sich darum bemühen, dass Geschichte, Volkskunst und Tradition lebendig bleiben. Die Südtiroler Werkstätten präsentieren eine Zusammenschau der traditionellen Handwerkskunst von 36 Zünften. Das Südtiroler Kulturinstitut hat es sich zur Aufgabe

Klöckeln im Sarntal

gemacht, die deutsche Sprache und Kultur im Austausch mit den nördlichen Nachbarländern zu pflegen. Man muss sich schon mit der Geschichte Südtirols im 20. Jh. beschäftigen, um zu verstehen, warum unter den rund 250.000 deutschsprachigen Südtirolern das Brauchtum eine solche Bedeutung behalten hat. Während des zwanghaften Versuchs der Italianisierung Südtirols unter dem Faschismus war nicht nur die deutsche Sprache, sondern auch alles deutsche Brauchtum verboten – das war für die deutschsprachige Bevölkerung eine traumatisierende Erfahrung. Als sich nach dem Zweiten Weltkrieg abzeichnete, dass Südtirol weiterhin bei Italien bleiben sollte, erfolgte eine intensive Rückbesinnung auf die eigene Identität mit deren Werten, Tradition und Brauchtum. Musikkapellen wurden neu gegründet, ursprüngliches Handwerk, Bräuche und Feste besonders gepflegt und eine sprachliche Abgrenzung in der Erziehung vollzogen – es war der Versuch, sich als kleine Minderheit in einer Nation mit anderer kultureller Tradition zu behaupten. Es bewirkten aber auch örtliche und historische Ereignisse besondere Traditionen: Während der Bergbaukrise Ende des 19. Jh. im Ahrntal musste für Nebenerwerb gesorgt werden, sodass die Frauen mit Klöppeln und der Herstellung von Spitzen begannen und die Männer sich auf die Masken- und Wurzelschnitzerei verlegten – beides wird heute noch ausgeübt. Die Tradition der alljährlichen Herz-Jesu-Feuer auf den Bergen am Sonntag nach Fronleichnam geht auf das Jahr 1796 zurück, als die Landstände angesichts der Bedrohung durch die napoleonischen Truppen Tirol dem besonderen Schutz des Herzens Jesu angelobten.

Die kirchlichen Feste im Kalenderjahr bildeten in Südtirol ganz eigene traditionelle Formen aus, wie etwa die Krampusumzüge am Nikolaustag: Die Krampusse springen in Masken und Fellen um den Nikolaus herum und erschrecken die Zuschauer wie bei den „Klasen-Umzügen" in Stilfs oder den Toifl- und Perchtentreffen in Toblach. Auch das „Klöckeln" gehört im Alpenraum zu den alten Bräuchen: Die Dämonen der langen Winternächte sollen mit Lärm und einem uralten Lied ausgetrieben werden. Dazu zieht im Sarntal an den ersten drei Donnerstagen im Advent eine vermummte Gruppe von Hof zu Hof.

Im Atelier von Willy Verginer, St. Ulrich

BEI DEN HOLZSCHNITZERN IN GRÖDEN 19

Der Talgrund von Gröden mit den Ortschaften St. Ulrich, St. Christina und Wolkenstein ist mittlerweile zu einem dichten Siedlungsband zusammengewachsen, mit perfekten Sportanlagen, guten Hotels und Wellnesseinrichtungen. Die schöne Bergwelt der Dolomiten, die das Tal begleiten, ist so gut erschlossen, dass wir mit der Seilbahn auf die Seceda aufbrechen, bevor wir die Holzschnitzer in St. Ulrich besuchen.

Die frühere Abgeschiedenheit Grödens bewahrte dem Tal die ladinische Kultur und Sprache, und die landschaftliche Schönheit sorgte dafür, dass es heute ein beliebtes Tourismusgebiet ist, das mit dem Skigebiet SellaRonda (81 Lifte – Italienrekord!), den Klettersteigen und Wanderrouten durch die Dolomiten international bekannt wurde – und seit 350 Jahren gibt es hier die Holzschnitzkunst. Wir wollen Landschaft mit Kunst verbinden und fahren mit der Seilbahn von St. Ulrich auf die Seceda (2457 m). Wir wandern auf Weg Nr. 1 bergab zur Jausenstation Troier und weiter über Almwiesen, den Langkofel im Blick, zur Regensburger Hütte (2046 m). Von dort führt der fast ebene Weg Nr. 4 zum Gasthaus Col Raiser, von dem aus wir mit der Umlaufbahn nach St. Christina hinabschweben. Ein Bus bringt uns nach St. Ulrich zurück. Dort können wir uns bei der Unika, dem Werkstättenverband Gardena Art und in der umfangreichen Musterschau im Kongresshaus (Info S. 155) über die Holzschnitzkunst informieren. Sehenswert ist das Museum de Gherdëina (Info S. 155) mit Ausstellungen zur Natur und Kultur des Grödner Tales und zu den Spielzeugpuppen des 19. Jh. Auch die spätere Königin Victoria von England spielte mit diesen „Dutch Dolls", die über Holland an den Hof geliefert wurden. Im Bildband „Ladinisches Vermächtnis" von Perathoner/Kostner (Athesia Verlag) eröffnet sich eine einzigartige Welt, die aber auch zeigt in welcher Armut die Grödner lebten, bis der Tourismus für Wohlstand sorgte. Das Buch „Ladinische Einblicke" von Marco Forni (Istitut Ladin Micurà de Rü) vertieft das Wissen über Gröden.

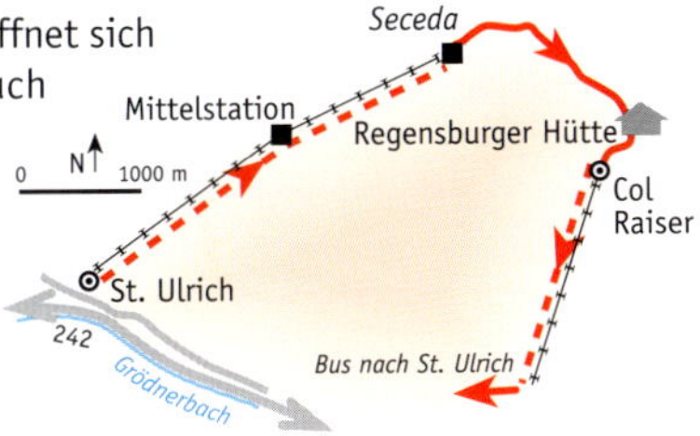

EINKEHR

In St. Ulrich entsprechen die edlen „Anna Stuben" im **Grödnerhof** genau der Vorstellung anspruchsvoller Gäste von einer gehobenen Gastronomie (auch preislich). Chefkoch Armin Mairhofer bereitet schon mal eine „Aromatische Symphonie" vor, die exquisiten Genuss auf höchstem Niveau verspricht. St. Ulrich, Vidalongstr. 3, Mo Ruhetag, 10.4.–26.5. und 14.10.–6.12. geschlossen, Tel. 0471 796315, www.annastuben.com

Unser Wanderziel, die **Regensburger Hütte**, wird von Resi Perathoner geführt, die ihren Gästen typische Almgerichte in der holzgetäfelten Stube serviert. Die solide gemauerte, traditionsreiche Hütte bietet Nächtigungsmöglichkeiten als Ausgangspunkt für die vielen Berg- und Klettertouren der nächsten Umgebung. St. Christina, Juli–Mitte Okt. kein Ruhetag, Tel. 0471 796307, www.rifugiofirenze.com

Infos in Kürze

Eine Familienwanderung immer bequem bergab.

ca. 1½ Stunden zum Gasthaus Col Raiser

Höhenunterschied: insgesamt ca. 460 m im Abstieg

P an der Talstation der Secedabahn, die auch durch einen Tunnel mit Rollsteig von der Ortsmitte aus erreichbar ist.

Busverbindung nach St. Ulrich, www.sii.bz.it

Preisermäßigung mit der Gardena-Card.

Gröden in Tracht

Das Museum de Gherdëina (Info S. 155) wurde 1960 gegründet und ist in der Cësa di Ladins, dem Haus der ladinischen Sprache und Kultur, untergebracht. Dort sollte man sich die Abteilung der Grödner Trachten anschauen, die zu den schönsten in Südtirol gehören. Sie änderten sich seit dem 18. Jh. auch durch die Reiseeindrücke der Grödner, die als Händler viel herumkamen. Mit Seidenstoffen, Spitzen und Juwelen wurden die Trachten immer wieder verbessert. Darüber hinaus beeindruckt das Museum mit der Spielzeugsammlung: Holzpferde, Gefährte, Gliederpuppen, mit oder ohne Tracht, bilden eine Sammlung der Spielzeuggeschichte von 1750 bis 1940. Natürlich sind die Trachten nicht nur ins Museum gewandert, sondern werden bei festlichen Veranstaltungen getragen, vor allem bei den Prozessionen des Kirchenjahres aber auch bei Hochzeitsumzügen, bei dem die jeweilige Tracht den Gesellschaftsstand darstellt. Besonders schön ist die farbenfrohe Jungmädchentracht „gherlanda spiza", die ihr Prunkstück in einem kunstvoll gearbeiteten Kopfaufsatz mit Perlen hat. Seltener getragen werden die unterschiedlichen Trachten der Berufsgruppen, die der Wirte mit überwiegendem Schwarz und Weiß oder der Bauern, die von Ort zu Ort verschieden sind. Unterschieden wird auch zwischen der Arbeitstracht mit den Kopftüchern und der natürlich aufwendigeren Festtagstracht. Einmal im Jahr bildet die farbenfrohe Kleidung den Blickfang des Tages: beim Festumzug „Gröden in Tracht", der Anfang August abwechselnd in einem der Grödner Orte stattfindet.

Grödner Tracht

FASCHINGSDIENSTAG IN TRAMIN 17

An ungeraden Jahren findet in Tramin einer der originellsten Umzüge Südtirols statt: Der Egetmann, der Mann mit der Egge, symbolisiert durch eine Puppe im Frack, führt einen Faschingszug an, der auf das Jahr 1591 zurückgeht und an dem nur die Männer des Dorfes teilnehmen dürfen. Die Zuschauer werden – bisweilen unsanft mit Ruß geschwärzt – einbezogen. Entsprechend strapazierfähige Kleidung ist erforderlich!

Schon am Vormittag des Faschingsdienstags erleben wir mit, wie die „Wudelen", große Viecher, die mit ihren hölzernen Mäulern klappen und schnappen, die Trompeter, die Peitschenknaller und Wegmacher lärmend durch die Gassen des Weinortes ziehen. Hier wiederholt sich das uralte Ritual vom lautstarken Austreiben der Dämonen des Winters vor der Fastenzeit. Am frühen Nachmittag beginnt dann der eigentliche Faschingsumzug, der die Hochzeit des Egetmann Hansl darstellt. Dieser erscheint im schwarzen Rock mit Zylinder und weißen Handschuhen, seine Braut im weißen Hochzeitskleid, und eine Horde merkwürdiger Gestalten begleitet die Kutsche – Ratsherren in Frack und Zylinder, Waschweiber, Hexen, Bärentreiber und andere Fantasiefiguren. Dem Brautpaar geht ein Ansager voran, der an jedem Dorfbrunnen das „Protokoll" verliest. Früher enthielt es die skandalösen Ereignisse des vergangenen Jahres – vom Ehebruch über Mundraub bis zum unehelichen

Egetmann-Umzug, Altweibermühle

Egetmann-Umzug, die Schnappviecher oder „Wudelen"

Kind – und stellte so die Betroffenen an den Pranger. Dabei ist es jedoch zu tragischen Reaktionen gekommen – einmal schoss ein wütender Mann sogar in die Menge! – sodass heute nur noch Unverfängliches in derben Sprüchen verlesen wird. Auch die Handwerker ziehen mit, sogar die Fischer vom Kalterer See mit einem Boot, sowie die berühmte Altweibermühle, in die oben heftig sich sträubende alte „Weibelen" hineingezwungen werden – unten kommen dann junge, hübsche Mädel heraus. Die Stimmung ist ausgelassen und die Besucher werden, ob sie wollen oder nicht, in das wilde Treiben mit einbezogen.

Volkskundemuseum

In Dietenheim bei Bruneck zeigt das Landesmuseum für Volkskunde die bäuerliche Tradition aus fast allen Bereichen. Rund um den herrschaftlichen Ansitz Mair am Hof (aus dem 17. Jh.) gruppieren sich historische Höfe und Bauten auf 3 ha Wiesengrund. Darunter ein Futterhaus, ein Feuerhaus, ein Kornkasten aus dem 15. Jh., ein Steildachstadel, ein frei stehender Backofen u. v. m. Im Inneren erfahren wir allerhand über die Alltagsgegenstände und -verrichtungen der Bewohner. Aber auch altes Handwerk ist ebenso zu entdecken, wie die Heiligenfiguren und -bilder, die an langen Winterabenden von den Bauern selbst angefertigt wurden (Info S. 155).

Der Sarner Kirchtag

Der Kirchtag in Sarnthein ist ein Volksfest mit über 450-jähriger Tradition. Da zeigen sich an den Tagen um den ersten Sonntag im September die Sarner in ihrer Tracht, Musikkapellen spielen auf und Haflingergespanne, Schützen und Feuerwehrmänner aus dem ganzen Tal kommen im Hauptort Sarnthein zusammen. Mit Fackelumzug, Volkstänzen, Markttreiben und einem Viehmarkt wird das Ganze zu einer mehrtägigen Veranstaltung. Da lohnt es sich, auch dem alten Handwerk nachzuspüren. Etwa in der Sattlerei Stofner (Rohrerstr. 18), in der Federstickerei von Johann Thaler (Rohrerstr. 41) für bestickte Trachtengurten, Glockenriemen und Brieftaschen oder in der Weberei Unterweger (Steet 26) für Fleckerlteppiche, Bettsocken und Schafwollprodukte. Sarner Speck und Wurst, Latschenkieferöl und andere gute Sachen lassen sich darüber hinaus auch noch finden.

Veritabler Ochse auf dem Sarner Kirchtag

EINKEHR

Wer zur Umzugszeit den möglicherweise überfüllten Traminer Gaststätten entkommen will, erreicht nach kurzer Fahrt das **Restaurant Zur Rose** in Kurtatsch und kann hier bei Arno Baldo und Doris Mayr in einer einmalig schönen Renaissance-Gaststube verfeinerte Südtiroler Küche auf hohem Niveau genießen. Kurtatsch, Endergasse 2, So u. Mo Ruhetag, Tel. 0471 880116, www.baldoarno.com

In Tramin gibt es den besonders urigen **Buschenschank Gamper**. Die Gäste sitzen entweder in hölzernen Gärfässern oder im Innenhof bei Eigenbauwein und bäuerlichen Südtiroler Spezialitäten wie Rindsgulasch mit Kräuterknödeln, Hirschwurst u. a. Tramin, Alexander-von-Keller-Weg 11, Ostern–Mai, Mitte Juli–Okt. ab 17 Uhr, Mo Ruhetag, Tel. 0471 861222, www.buschenschank.it

Infos in Kürze

Der Faschingsumzug dauert mehrere kurzweilige Stunden, www.egetmann.com.

P Anreise über die Südtiroler Weinstraße, Parkplatz vor der Ortsmitte.

Busverbindung nach Tramin, www.sii.bz.it. Von der Haltestelle sind es wenige Schritte zum Dorfplatz.

Musikfestival Xong

INS DREILÄNDERECK 1

Unser Ausflug führt uns zum Dreiländereck Südtirol-Schweiz-Österreich. Dort wollen wir an Veranstaltungen teilnehmen, mit denen es dem Kulturverein arcus raetiae *seit 1999 gelingt, mit verschiedenen Projekten die Traditionen der drei Länder zu etwas Neuem, Gemeinsamem zusammenzuführen. Eine Zukunft für die Vergangenheit der Kultur soll zeigen, dass gelebte Tradition nichts Rückwärtsgewandtes sein muss.*

In oberen Vinschgau, wo heute Südtirol, Österreich und die Schweiz aneinander grenzen, war lange die gemeinsame rätoromanische Sprache verwurzelt. Die Suche nach diesem rätischen Erbe führt in die Grenzregion des Oberen Gerichts, des Unterengadins und des oberen Vinschgaus. Nach dem grausamen Kriegsgeschehen von 1499, bei dem die Eidgenossen nach dem Sieg über die Truppen der Habsburger den mittleren Vinschgau verwüsteten, endeten die kulturellen Kontakte des Vinschgaus mit dem benachbarten Engadin. Mit der Gegenreformation wurde die rätoromanische Sprache gewaltsam durch das Deutsche verdrängt. Am 500. Jahrestag der Schlacht an der Calven wurde der Kulturverein *arcus raetiae* gegründet, in dessen Vorstand Vertreter aller drei Länder sind. Man ist überzeugt, dass grenzübergreifende kulturelle Verständigung nur dann erfolgreich sein kann, wenn Kultur im Alltag verankert ist, Grenzen nicht nur abgeschafft, sondern wirklich überwunden werden und Einfalt durch Vielfalt ersetzt wird. Ein Höhepunkt ist im Juli das Musikfestival Xong, das sich mit Konzerten, Wanderungen, Hoffesten, Musik- und Theaterwerkstatt auch für Kinder zu einem

Kulturfest entwickelt hat. Moderne Architektur erhält regelmäßig mit dem Symposion „Baustelle“ ein Forum. Jährlich findet im historischen Anwesen Plawenn – dem Sitz des Vereins – ein Symposium zur nachhaltigen Entwicklung des ländlichen Raums statt.

Kulturwanderung im Rahmen von Xong, Stilfser Brücke

Das Ranggeln

Dieser Brauch ist eigentlich eine der ältesten Sportarten des Alpenraums. Aus einer alten Tradition ist ein richtiger Kampfsport mit Regeln für die Meisterschaften geworden, die um die Pfingsttrophäe in Terenten (Pustertal) unter freiem Himmel ausgetragen wird. Bei diesem Kräftemessen treten über hundert aktive Teilnehmer vor zahlreichen Zuschauern gegeneinander an. Ganz in Weiß gekleidet, umschleichen sich die Gegner zunächst prüfend, um dann im richtigen Moment zuzugreifen. Sieger ist, wer als erster den anderen mit beiden Schultern auf den Boden gerungen hat. Am Ende sind nicht so sehr die Muskeln und das Gewicht entscheidend, sondern Technik, Schnelligkeit und Konzentration, meint der Obmann des Südtiroler Rangglerverbandes.

Infos in Kürze

❗ Die Veranstaltungen des Kulturvereins *arcus raetiae* finden zu unterschiedlichen Terminen im Jahresablauf statt, werden aber rechtzeitig zuvor im Internet angegeben unter www.raetia.net und www.xong.net.

Scheibenschlagen

Scheiben-schlagen

Der Brauch des Scheibenschlagens hat im Vinschgau – von Vetzan bis Mals – Tradition. Fast die ganze Dorfjugend ist am ersten Sonntag der Fastenzeit mit dabei, wenn nach Einbruch der Dunkelheit hölzerne Scheiben im Feuer zum Glühen gebracht, und dann als Flammenräder „geschlagen" werden. Die Scheiben sind etwa 6 bis 15 Zentimeter groß und haben ein Loch in der Mitte, über das sie von einer fast zwei Meter langen Haselnussrute geschleudert werden. Dabei sagen die Jugendlichen überlieferte Reime auf. Der Brauch geht auf die Berufung der „Waaler" am gleichen Tage zurück – jener wichtigen Vertrauenspersonen, die das Wasser der Waale gerecht über die Felder der beteiligten Bauern verteilen mussten – und soll die Fruchtbarkeit der Felder beschwören.

EINKEHR

Ein traditionsreicheres Gasthaus als das **Hotel-Restaurant Weißes Rössl** lässt sich kaum vorstellen: 1480 unter der Burg Lichtenberg (nahe Glurns) erbaut, 1991 geschlossen und nach 16 Jahren mit dem künstlerischen Geist unserer Tage im alten Gemäuer stilvoll renoviert. Bernhard Tschenett bietet damit und mit seiner Küche das Besondere! Lichtenberg, Marktweg 8, Tel. 0473 618284, www.weisses-roessl.bz.it

Im **Biohotel Panorama**, mit traumhaften Blick zum Ortler und ins Münstertal, hat Familie Steiner mit baubiologischen Maßnahmen, Vollholzmöbeln und einer exzellenten Küche mit eigenen Produkten ein Haus der besonderen Qualität geschaffen. Ohne asketische Züge – sogar mit eigener Schnapsbrennerei! Mals, Staatsstraße 5, Tel. 0473 831186, www.hotel-panorama-mals.it

NÜTZLICHE ADRESSEN MIT ÖFFNUNGSZEITEN

Dorfmuseum Tramin
Rathausplatz 9
39040 Tramin
Tel. 0471 860132
Karwoche–Allerheiligen Di–Fr 10–12, 16–18 Uhr, Sa 10–12 Uhr

Gardena Art
Reziastr. 159
39046 St. Ulrich
Tel. 0471 797667
www.gardena.art.com

Kongresshaus von St. Ulrich
Kirchplatz
39046 St. Ulrich
www.art52.it
täglich 9–22 Uhr

Kulturverein arcus raetiae
Plawenn 1
39024 Mals
Tel. 0473 830720
www.raetia.net

Museum de Gherdëina
Reziastr. 83, Cësa di Ladins
39046 St. Ulrich
Tel. 0471 797554
Weihnachten–Ostern Mo–Fr 14–17, Do 10–12 Uhr, 20. Mai–Okt. Mo–Fr 10–12, 14–18 Uhr,
Juli/Aug. Mo–Fr 10–12, 14–18 Uhr, Sa–So 14–18 Uhr

Landesmuseum für Volkskunde Dietenheim
Herzog-Diet-Str. 27
39031 Dietenheim
Tel. 0474 552087
www.provinz.bz.it/volkskundemuseen
Ostern–Oktober Di–Sa 9.30–17.30 Uhr, Sonn- und Feiertage 14–18 Uhr

Südtiroler Werkstätten
Lauben 39
39100 Bozen
Tel. 0471 978590
www.suedtiroler.werkstaetten.it

Tourismusverband Gröden
Dursanstr. 80/c
39047 St. Christina
Tel. 0471 777777, Fax 0471 792235
info@valgardena.it
www.valgardena.it

Tourismusverband Vinschgau
Kapuzinerstr. 10
39028 Schlanders
Tel. 0473 737000, Fax 0473 737011
info@vinschgau.is.it
www.vinschgau.is.it

TV Sarntal
Europastr. 15 (am Kirchplatz)
39058 Sarnthein
Tel. 0471 623091, Fax 0471 622350
info@sarntal.com
www.sarntal.com

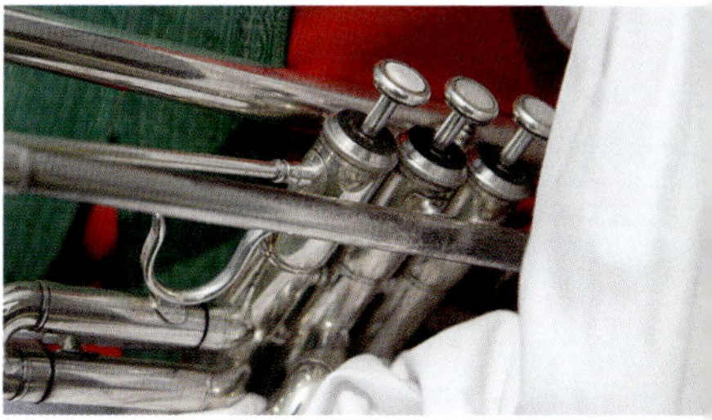

TV Terenten
St.-Georgs-Str. 1
39030 Terenten
Tel. 0472 546140, 0472 546340
info@terenten.com
www.terenten.com

TV Tramin
Julius-von-Payer-Str. 1
39040 Tramin
Tel. 0471 860131, Fax 0471 860820
info@tramin.com
www.tramin.com

Unika
Grödner Kunsthandwerk
Arnariastraße 9
39046 St. Ulrich
Tel. 339 1792227
www.arsunika.com

STIFTUNG
SÜDTIROLER SPARKASSE
1854

Wir stiften Kultur